Michael Noah Weiss
Linda Vera Roethlisberger (Hrsg.)
Die Entdeckung des PsyQ

Verlag Via Nova

Michael Noah Weiss
Linda Vera Roethlisberger (Hrsg.)

# Die Entdeckung des
# PsyQ

Unser inneres Ordnungssystem
erkennen und nutzen

Verlag Via Nova

1. Auflage 2010
**Verlag Via Nova, Alte Landstr. 12, 36100 Petersberg**
Telefon: (06 61) 6 29 73
Fax: (06 61) 96 79 560
E-Mail: info@verlag-vianova.de
Internet: www.verlag-vianova.de / www.transpersonale.de
Umschlaggestaltung: Guter Punkt, München
Satz: Sebastian Carl
Druck und Verarbeitung: Fuldaer Verlagsanstalt, 36037 Fulda

© Alle Rechte vorbehalten

ISBN 978-3-86616-171-9

# Danksagung

Für ihren unermüdlichen Einsatz, ihr unerschütterliches Vertrauen und ihr unvergleichliches TRILOGOS Institut möchte ich meiner Lehrerin Linda Vera Roethlisberger herzlich danken.

Für die finanzielle Unterstützung und den festen Glauben an das Gelingen dieses Buches möchte ich P.O. herzlich danken.

Für die frei zur Verfügung gestellte Infrastruktur, den inspirierenden Arbeitsplatz und die kreative Atmosphäre im sog. „Autoren-Loft" möchte ich dem Litteratur Huset in Oslo herzlich danken.

Für die mentale Unterstützung, das wohlwollende Verständnis und die fürsorgliche Liebe möchte ich meiner Familie herzlich danken.

Insbesondere möchte ich meiner Frau Christin danken, die mir zu jeder Zeit und auf vielfältigste Weise bei der Entstehung dieses Buches zur Seite stand – ihr sei dieses Buch gewidmet.

Michael Noah Weiss

# Inhaltsverzeichnis

Vorwort     9

Einleitung     17

Sinn und Sinnlichkeit     19
Vom Polarstern des Bewusstseins

Relativität und Orientierung     23
Vom Schiff in der Meeresenge

Spurensuche und Individuationswege     27
Vom Wandern in der Trockenzone

Spiritualität und Alltag     33
Vom Überwinden der Flugangst

Entscheidungen und Daimonions     39
Vom Hören der inneren Stimme

Fremdsprachen und Symbolsprachen     51
Vom Indianer und seiner Friedenspfeife

Globale Ethik und geglücktes Leben     65
Von Emma und ihrer harmonika

Dialog und Empathie — 77
Vom Wasserhahn und anderen Ventilen

Intuition und Spiegelneurone — 87
Vom Du im Ich zum Wir

Transzendenz und Erinnerung — 103
Vom Toten im Schnee

Seelenwanderungen und Archetypen — 113
Von der Witwe im Fjord

Epilog — 127

Literatur — 133

Zum Autor — 137

Zur Herausgeberin — 138

# Vorwort

VON LINDA VERA ROETHLISBERGER

Liebe Leserin, lieber Leser,

Was eigentlich macht den Menschen zum Menschen?

Die Evolutionstheorie erklärt uns, wie das Leben entstanden ist. Die Schöpfungsgeschichte hingegen erläutert uns, wie das Leben beschaffen ist. Sowohl als auch – entweder oder. Die Evolutionstheorie lässt sich heute als wissenschaftliche Theorie nicht mehr wegdenken – aber im Ernstfall des Lebens, wenn es uns schlecht geht, wenn das Leben uns als Fragezeichen, brutal, hart oder gar sinnlos vorkommt, dann interessiert es uns weniger, wie das Leben entstanden ist. Dann wollen wir nur noch wissen, ob das Leben wirklich lebenswert ist. Wo liegen Sinn und Werterfüllung in unserem Sein?

Was also ist der wahrhaftige, wirkliche Sinn meines Lebens?, fragt sich der Mensch, der realisiert, dass nur der Homo sapiens die Sehnsucht nach Glück und Erfüllung empfinden kann. Ist das die Ursache, dass er sich oft alleine oder unverstanden fühlt? Schon früher suchte, schuf und erarbeitete er sich deshalb immer wieder Brücken zu den drei großen Fragen des Lebens: Wer bin ich? Woher komme ich? Wohin will ich?

Im Mittelalter beispielsweise bestimmte die Suche nach dem heiligen Gral das Leben vieler Menschen. Heute ist die aktive Suche nach dem Göttlichen – nach Glück und Identität in sich selber – ins Zentrum gerückt:

DIE Brücke für den heutigen modernen Goldgräber, der nach »innerem« Reichtum sucht?

Das Motiv, nach dem Sinn unserer Existenz zu suchen, entspringt dem „geheimnisvollen" Innersten der Menschen und hat die Funktion, Angst und Unsicherheit immer bewusster zu transformieren, um Glauben, Vertrauen und dadurch Sicherheit, Selbstvertrauen und ein gesundes Selbstwertgefühl – einen „gesunden Menschenverstand" im gelebten praktischen Alltag – zu finden. Denn das tiefe Grundgefühl, sich **innerlich verankert, getragen, geführt, aufgehoben** zu wissen und dies in allen Lagen des praktischen Wirkens und Bewirkens erleben zu können, entspringt – ganz trilogisch – der Herzenskraft in Verbundenheit mit dem höchsten persönlichen sowie überpersönlichen Bewusstsein in Bezug zum gesunden Menschenverstand im Alltag.

Und WIE gelingt uns dies? Indem wir uns auf das Leben mit all seinen Erfahrungen, die es uns immer wieder bietet, vertrauensvoll – total – verbindlich einlassen, achtsam sind und aus dem Vergangenen lernen, um daraus unsere Zukunft – jetzt, in der Gegenwart – neu zu gestalten.

Sehnen wir uns nicht alle nach einer lebenswerten Zukunft? Brauchen wir nicht eine neue, vertiefte Nachdenklichkeit, um zu erkennen, wo das Gute zum Bösen und das Böse zum Guten erhoben wird? Wo anders wird dies sichtbarer als im Spiegel der eigenen, phantastischen Realität?

An Hoffnungen, nicht an Ängste sollten wir uns klammern. Unser persönliches, praktisches Alltagsleben schenkt uns mit seinen Träumen und Traumata immer wieder die Möglichkeit, die treibende Kraft des Widerspruchs in uns selber (Kreativität, Mit-Schöpferkraft) im Spiegel unserer Umwelt zu erfahren. Liegt die tiefste Ursache unseres Dilemmas oft in der Gott-, Allah-, Buddha-Vergessenheit – kurz: in einem fehlenden Sich-verbunden-Fühlen mit einem größeren Ganzen?

Wo nehmen wir den Treibstoff sowie den Zündschlüssel zum motivierten Wollen, zum aktiven Handeln her? Unsere wache, achtsame Wahrnehmungsfähigkeit – und somit unsere Intuition – bildet den Eigenantrieb – das ist symbolisch der Zündschlüssel. Es ist diese integrale, ganzheitliche, **intuitive** Kraft unseres „Denken-, Fühlen-, Glauben- und Vertrauen-Könnens", die uns zum selbstverantwortlichen Tun oder Lassen befähigt.

Die transzendente Kraft ist es also, die uns immer wieder einlädt, „das Gute, Schöne und Wahre in jedem von uns"[1] weiter und weiter zu entdecken und zu fördern. Sie ist der Treibstoff für den Einzelnen und somit für das Ganze, um in radikaler Selbstverantwortung und dadurch immer selbstbestimmter leben zu lernen. Damit beginnt die bewusste Selbstverwirklichung.

An die tiefe, ewige Verbundenheit mit dem Göttlichen und dadurch unserer Intuition zu **glauben** und darauf zu **vertrauen** ist das schlichte Geheimnis, ein erfüllendes Leben leben zu können. Das lässt uns immer wieder erfahren, dass die spirituelle Schöpferkraft auch **uns** vertraut: unserem Tun oder Lassen, im Guten wie im weniger Guten. Hier beginnt die Persönlichkeits- und Bewusstseinsschulung: Die innere Kraft unseres Egos kann sich mittels **psychodynamischer Intelligenz (PsyQ)** zu wahrhaftiger, empathischer Ichkraft transformieren und entfalten sowie authentisch und kongruent mit den persönlichen Wesensanlagen in optimale Balance kommen.

Nicht nur wir müssen der spirituellen Schöpferkraft vertrauen, sondern wir müssen erkennen, dass **sie** in **ihrem** ewigen Sein **uns** immer wieder bedingungslos ihre Liebe, ihr Vertrauen schenkt. Sie gibt **uns** dadurch die Möglichkeit der ständigen, aktiven Selbstreflexion. Somit erlangen wir neue Selbsterkenntnis – Entwicklung und vor allem eine Art **psychagogischer** Selbsterziehung werden möglich.

Innerer wie äußerer Frieden in einer echten Demokratie kann demzufolge erreicht werden, wenn Kritik von beiden Seiten zugelassen wird, um ein

---

[1] vgl. Wilber, Ken: Das Wahre, Schöne, Gute. Geist und Kultur im 3. Jahrtausend. Fischer Taschenbuch Verlag. Frankfurt am Main. 2002.

ausgewogenes Urteil daraus abzuleiten. Als ethisches Leitbild dazu möge das sog. Weltethos von Hans Küng dienen – eine ethische Kommunikationsbasis zum Dialog für alle Menschen dieser Erde, gleich welcher Kultur oder Religion sie entstammen.

»Es werde Licht«: Damit ist das Seiende sich selber bewusst geworden. Aus Bewusstsein ist Bewusstheit entstanden. Die göttliche Liebe und »ihr Licht« als der sogenannte Götterfunken in uns kann von jedem als Mit-Schöpferkraft erlebt werden. Sie ist die Triebkraft, um mittels bewusster, integraler Wahrnehmungs- und Intuitionsschulung die Individuation motiviert zu fördern. Wir finden unsere Identität und dadurch die Lebensfreude.

Der Suchende kann heute seine Seelen- (Gedanken- und Gefühls-) oder Symbolsprache (Medialität) gezielt – so wie Englisch, Spanisch oder Chinesisch – lernen. Die Trilogos-PsyQ®Methode (TPM) bietet einen Lehrgang dazu an – einen Lehrgang in praktischer Philosophie und spiritueller Psychologie. Denn das natürliche innere Suchen ist im Wesen eines jeden Menschen angelegt: Den Weg „zurück nach Hause" findet der Suchende bald als „Verwandelter", Transformierter, dem es immer weniger nur um sich selbst geht, sondern um die Gemeinschaft, um das Wohl aller. Denn er hat den inneren Frieden in sich selber gefunden und will genau deshalb sein Glück mit anderen teilen. Als Lebenskünstler kann er immer wieder – in allen Lagen – „seinen" Lebenssinn neu entdecken und verantwortungsbewusst hegen und pflegen. Die Lebenskraft kann immer bejahender und aus Freude dem Gemeinwohl dienen.

Wird nicht durch Liebe, Zuwendung und Anteilnahme der Mensch im wahrsten Sinne des Wortes *gebildet*, durch Nähe und persönlichen Einsatz? Durch solche Liebe wird der Mensch zu einem liebevollen Menschen, dessen Seelenbrunnen so voll ist, dass genug Lebenskraft entsteht. Sind nicht genau deshalb mitverantwortliche und konstruktiv-konfliktfähige Weltbürger gefragt? Menschen, die inmitten von Unsicherheit, Angst und Druck fähig sind, aus tiefer Verbundenheit mit ihrer ewig liebenden Schöpferkraft und dadurch aus unerschütterlichem Aufgehobensein im eigenen Wesenskern heraus, Konflikte und Probleme aus einer viel ganzheitlicheren, umfassenderen, eben intuitiven Ebene wahrnehmen, erkennen, benennen und dadurch gestalten, ja verantwortungsbewusst prägen zu können – unabhängig und frei von äußeren, dem schnelllebigen Wandel unterworfenen Sicherheiten?

Schaffen sich heute die drei Geisteswissenschaften Philosophie, Religion und Psychologie in Bezug zu den Naturwissenschaften eine neue Basis? Die moderne Wahrnehmungsschulung in Bezug zu verschiedenen inneren und äußeren Bewusstseinsebenen, wie dies die Trilogos-PsyQ®Methode (TPM) als Möglichkeit anbietet, unterstützt diesen Prozess.

Nicht alle Menschen suchen gleich gern – das stimmt. Schon gar nicht nach dem Sinn des Lebens. Wer nicht über den Sinn des Lebens grübelt, hat wahrscheinlich auch kein Problem damit. So meinte schon im 1. Jahrhundert n. Chr. der römische Philosoph Seneca: „Am glücklichsten ist der, der nie über das Glück nachdenkt." Und der römische Dichter Horaz – wenn die ewig gültige Weisheit des „Carpe diem" gelten sollte – gab schon vor Christus zu bedenken: „Pflücken wir den Tag, nutzen und genießen wir den Augenblick."

Suchen und Finden sind also zwei Seiten derselben Münze. Beide bedingen einander. Demzufolge ist Suchen menschlich – keine schlechte Lebensstrategie. Denn wer sucht, kann finden, gewinnt auf der Suche neue Erfahrungen, sammelt Erlebnisse und bildet dadurch Erinnerungen. Die bewusste Entdeckung unserer Traum- oder Vorstellungswelt, des feinstofflichen Archivs sowie der in uns allen angelegten drei Potenziale des „Glauben-/ Vertrauen-(SQ), Fühlen-(EQ) und Denken-(IQ) Könnens" und dadurch der immer bewusstere Umgang mit der Kraft seiner „Intuition, Inspiration oder Imagination" oder seines menschlichen Potenzials (PsyQ), dient dem

Einzelnen als wertvolles, praktisches Werkzeug auf dem Selbstfindungsweg: Die Kompassnadel in Richtung „seines" Polarsterns, seines PsyQ oder Höheren Selbst ist es also, die ihm immer deutlicher seinen Weg **zum wahrhaftigen Menschsein (PsyK oder menschliche Kompetenz)** weist.

Die TPM fordert den Interessierten auf, das Leben wie das Sterben als Chance zu begreifen und unser Schicksal somit selber zu bestimmen. Eigenständiges Denken, eigene Ideen selbstverantwortlich in Tat umsetzen, sich friedlich um eigene Standpunkte streiten kann zur Kultur werden.

Eine Suche ohne konkretes Ziel kann auch leicht zu einer Irrfahrt, zu einer Odyssee oder gar zu einer Fahrt durch die Hölle werden. Nur Unterwegssein ist noch lange kein Wert; man kann dabei orientierungslos herumtaumeln und immer wieder neue Ziele anpeilen – oder gar mit den falschen Vorgaben starten. Höchstwahrscheinlich werden wir nicht sehr weit kommen, wenn wir uns nur an Wohlstand und am Wohlfühlen orientieren. Stellt das Leben nicht immer wieder Sackgassen, Hürden und Stopptafeln auf? Leicht kann aus der Suche eine falsche Suche werden, wenn Schmerz, Leid und andere düstere oder noch unerlöste, verdrängte Gefühle aus dem tiefen Unbewussten sowie vor allem die Kraft des Hoffens und Glaubens ausgeblendet bleiben.[2]

Hier möchte ich als Herausgeberin dieses Buches auf den Autor des vorliegenden Werkes, Michael Weiss aus Wien, Zürich und Oslo, eingehen. Michael Weiss ist es als TRILOGOS Student auf seiner langjährigen, intensiven inneren Reise zu seiner Weisheit immer besser gelungen, eine Brücke zu seiner ureigenen Wahrheit, zu seinem menschlichen Potenzial (PsyQ) zu schlagen. Als seine Lehrerin und Begleiterin während der trilogischen Grundschulung sowie der medialen Diplomausbildung der Trilogos-PsyQ®Methode (TPM) freue ich mich, heute erleben zu dürfen,

---

2 Mehr dazu in der Dissertation von Michael Weiss: »Wir können nicht nicht glauben« oder von Dr. Karin Bliemel »Systeme in Balance – Wege zur Integration durch PsyQ« (beide im Trilogos Verlag, IN-SPIRIT-Reihe).

wie „sein sinnlicher Draht zur geistigen Welt" in Verbindung mit seinem Höheren Selbst sowie in Verbundenheit mit seiner Schöpferkraft immer freier die Lebenskraft fließen lassen kann und dies ihm neue Türen und Tore in der irdischen Welt erschließt: Sinn- und Werterfüllung – im wahrsten Sinne des Wortes – darf er erleben und erfahren. Es gelingt ihm, seine Anlagen, Talente und Fähigkeiten ins praktische Alltagsleben zu integrieren – entsprechend zu wirken und etwas zu bewirken.

Der Philosoph und Hochschullektor Mag. Dr. Michael Weiss hat die Richtung zu seinem PsyQ gefunden und damit den Weg zu seinen Wesensanlagen und darüber hinaus. Möge seine Freude am Lehren, Leiten und Begleiten von Menschen zu ihrem PsyQ bleiben. Denn Vorbild sein ist ein tragender Wert und demzufolge Sinn erfüllend – Wert schöpfend.

Aus ganzem Herzen wünsche ich Herrn Weiss, dass er die gefundene Verbindung zu seinem PsyQ **hegt, pflegt und kultiviert** – und immer wieder findet.

*Als du geboren wurdest, existierte diese Welt bereits!*
*Und siehe: das Leben ward ein Geschenk...*
*Du bist nicht einfach hier,*
*um irgendwie einen Lebensunterhalt zu verdienen!*
*Du bist hier, um dem Leben Sinn zu geben*
*und um deine Talente und deine Göttlichkeit dieser Erde*
*zu „schenken"!*

*Die Erde hat auf dich gewartet, damit sie –*
*durch deine Gegenwart – gesegnet wird.*
*In Wahrheit bist du hier,*
*weil das Göttliche auch durch dich*
*nach schöpferischem Ausdruck strebt.*
*Beim Suchen und beim Finden.*
*Beim erneuten Suchen und erneuten Finden.*

Ich wünsche nun allen Leserinnen und Lesern dieser spannenden Lektüre ebenfalls eine weitere, gute Reise zu ihrer Weisheit sowie viel Lebensfreude und Schaffenskraft als Mit-SchöpferIn in allen Lagen – fest verankert im eigenen Wesenskern – für sich selber und darüber hinaus: als wichtiger Teil für das Ganze! Möge diese sie motivieren, ihr Sein und Wirken als Kunstwerk ebenso aus dem Stein zu befreien, um mehr Freiheit, mehr Friedfertigkeit miteinander erleben zu dürfen.

Besonders in Zeiten, wo Verunsicherung spürbar ist, braucht der Mensch ein Navigationsgerät für sein Leben. So wie die Technik es heute möglich macht, mit Hilfe eines Navigators über Satellit unser Auto ans Ziel zu lotsen, brauchen auch wir einen Navigator, der uns durch die Stürme des Lebens leitet.

Glauben und vertrauen Sie Ihrer Intuition. Auch Ihr PsyQ oder Ihr Höheres Selbst – in tiefer Verbundenheit mit Ihrem Schöpfer – wird Ihnen leuchten und Sie mittels Ihrer Intuition und Ihrer medialen, seelisch-geistigen Anlagen immer wieder für das Gute, Wahre und Schöne inspirieren, in allen Zeiten richtungsweisend sein und Sie treu durch den praktischen Alltag führen und begleiten; denn es ist diese Kraft, die Ihnen immer wieder hilft, Ihre Gesundheit, Ihre Beziehungen und Ihre Arbeit zufrieden in einem gesunden Gleichgewicht halten und verantwortungsvoll leben zu können. Haben Sie Ihren Polarstern **und damit den geschickten Umgang mit Ihrer Symbolsprache** gefunden? Folgen Sie **Ihrem** Stern!

Wenn einer alleine träumt, bleibt es ein Traum. Wenn viele gemeinsam träumen, entsteht eine neue Wirklichkeit.

*Küsnacht, im August 2009*
*Linda Vera Roethlisberger*

# Einleitung

VON MICHAEL NOAH WEISS

Das vorliegende Buch in eine Kategorie einzuordnen fällt schwer. Ist es ein Erfahrungsbericht, ist es ein Manual, eine Lebenshilfe, ein Ratgeber oder sind es ineinander verflochtene Fallstudien? Auf diese Frage eine klare Antwort zu geben ist nicht leicht. Es scheint etwas von allem zu sein. Doch eines ist klar: Die Geschichten in diesem Buch sind wahre Geschichten. Es sind autobiographische Erlebnisse des Autors, die er als Beispiele **praktischer Philosophie und spiritueller Psychologie** versteht. Sie haben sich im Zeitraum zwischen 2000 und 2009 zugetragen. Aus Respekt vor der Privatsphäre wurden natürlich alle Namen bis auf die von Linda Vera Roethlisberger und Michael Noah Weiss geändert. Ist es also ein Erfahrungsbericht? Ja, eingebettet in ein wissenschaftliches Referenzsystem und ergänzt mit einigen Übungen der Trilogos-PsyQ®Methode (TPM), damit auch ein emotionales, intuitives und nicht nur kognitives Verstehen des Inhalts möglich wird.

„Als WissenschaftlerIn in einer proVISIONären Gesellschaft kommunizieren bedeutet, den wissenschaftlichen Jargon in eine dialogorientierte Sprache zu transformieren." , dieses Zitat von Fischer et al war prägend für den Schreibstil von „Die Entdeckung des PsyQ". Eine Sprache sollte gewählt werden, die möglichst viele anspricht. Komplizierte Formulierungen sollten wegfallen und durch didaktische Zugänge ersetzt werden. Der Inhalt sollte aber dennoch wissenschaftlich fundiert sein. Gerade wenn es sich um eine so avantgardistische Methode wie die der TPM handelt, scheint eine solide Verankerung diesem Projekt umso mehr Triebkraft zu verleihen. Deshalb wurde Bezug genommen zu **Philosophie**, **Psychologie** und auch **Theologie**.

Der Autor stellt anhand von exemplarischen Beispielen die TPM vor. Aber nicht nur das. Er versucht den Leser und die Leserin Anteil haben zu lassen am Inhalt, indem er Übungen zur Selbsterfahrung anbietet. Erst daraus wird die eigentliche Absicht dieses Buches sichtbar: Es wird eine Möglichkeit aufgezeigt, wie selbst der alltäglichste Alltag durch **philosophische Praxis** und **eigenverantwortliche Selbstreflexion** zu einer Orientierungshilfe auf dem Individuationsweg werden kann, eine Orientierungshilfe auf dem Weg zur Selbstfindung, wie es die Psychologie bezeichnet. Eine Orientierungshilfe, durch die wir unsere Persönlichkeit und unser ethisches Bewusstsein entwickeln können, auf dem Weg zur Glückseligkeit, zur Eudaimonia, wie es Aristoteles nannte.

# Sinn und Sinnlichkeit

## Vom Polarstern des Bewusstseins

*„Einen Sinn können wir dem Leben des anderen nicht geben –
was wir ihm zu geben, mit auf den Weg zu geben vermöchten,
ist vielmehr einzig und allein ein Beispiel:
das Beispiel unseres ganzen Seins."*

Viktor Frankl

So, jetzt bin ich also hier. Angekommen in einer neuen Welt, die meine Heimat werden soll. In Norwegen. Zumindest für die nächsten zwei Jahre. Vieles ist hier neu, unvertraut und spannend. Ich kenne noch nicht viele Leute. Aber dafür lebe ich am Meer. Nur wenige Leute zu kennen und am Meer zu leben lässt mich ruhig werden, macht mich besinnlich.

„Besinnlich" ist ein schönes Wort. Da steckt viel drin, z.B. Sinn. Einer *sinn-vollen* Tätigkeit nachgehen. *Sinn* im Leben finden. Aber auch *sinnlich* ist darin enthalten so wie *außer-sinnlich*, oder: mit allen *Sinnen* wahrnehmen, die inneren *Sinne* und die äußeren. So wie innen, so auch außen, so wie oben, so auch unten.

Sinn und Sinnlichkeit spielen gerade eine wichtige Rolle für mich. Jetzt, wo ich einen Neustart in einem fremden Land wage. Meine Sinne sind im Dauereinsatz. Wegen der vielen Entdeckungen, die ich hier ständig mache. Aber gleichzeitig kann ich durch sie die großen Wälder und das viele Wasser genießen, die mich umgeben. Sie machen mich still, besinnlich, lassen mich erneut nach dem Sinn fragen. Warum das alles? Warum bin ich hier? Was ist der Grund?

Mir ist plötzlich etwas klar geworden. Heimat kann dieses neue Land nie für mich werden. Heimat ist auch nicht mehr jenes Land, in dem ich geboren wurde, aufgewachsen bin, studiert habe. Und das wird es auch nie mehr werden. Heimat kann mir kein Platz der Welt mehr sein. Geborgenheit, ja, die gibt mir dieser Ort, an den ich gerade gezogen bin. Aber Heimat kann ich nur in mir selber finden. Was meine ich damit?

Heimat ist für mich jener Ort, an dem ich mich wohlfühle, glücklich und geborgen. Jener Ort, an dem ich seelisches Wohlbefinden und eine tiefgehende Glückseligkeit empfinde. Wie viele Produkte und Angebote gibt es heute in unserer Konsumgesellschaft, die genau dieses Glücksempfinden und diesen Wohlfühleffekt versprechen? Unzählige. Aber ob sie ihr Versprechen auch halten können? Wohl eher das Gegenteil. Die Anzahl an Depression erkrankter Menschen ist ständig im Steigen. Depression liegt laut WHO momentan an 4. Stelle im Ranking der Volkskrankheiten. Sie wird im Jahr 2020 auf den 2. Platz vorgerückt sein[3]. Aber seien wir ehrlich. Kennen nicht auch wir aus eigener Erfahrung diese melancholische, energieabsaugende Stimmung, die sich in Frust, Traurigkeit und einem Mangel an Zuversicht bemerkbar macht? Bricht diese emotionale Welle nicht immer gerade dann über uns herein, wenn wir den Sinn hinter unserem Tun und Sein verloren haben? Wenn wir nicht mehr wissen, wozu das alles? Warum erfasst diese Welle so viele Menschen gerade in einer Zeit und auf einem Kontinent, in dem die Grundbedürfnisse des Lebens, ja sogar die der Bildung, so gut wie gedeckt sind? Man könnte meinen, wir seien nun auf einer neuen evolutionären Stufe angelangt, auf einer, auf der wir uns etwas zurücklehnen könnten, um unsere luxuriöse Freiheit zu genießen[4].

---

3  vgl. www.who.int Stichwort: Depression
4  vgl. die Maslowsche Bedürfnis-Pyramide: Maslow, A.H.: A Theory of Human Motivation, Psychological Review 50 (1943):370-96.

Aber das tun viele von uns nicht. Vielleicht, weil seelisches Wohlbefinden und Glückseligkeit nichts zu tun haben mit irgendeinem „Fun-Faktor"? Oder mit sozialem Status, Wellness und Wohlstand?

Trotz der großen Freiheit, die heute viele Menschen haben, können sie diese nicht genießen. Was ist der tiefere Grund? Vielleicht, weil viele von uns gerade durch diese große Freiheit heimatlos geworden sind? Sie scheinen kein „inneres" Zuhause mehr zu haben. Ihr Leben wirkt für sie *sinn-los*. Viktor Frankl meinte: „Der Seele Heimat ist der Sinn."[5] Andererseits ist das Fehlen von Sinn und verbindlichen Werten auch verständlich bei dieser unüberschaubaren Vielfalt an Wahlmöglichkeiten, die uns offensteht. Wodurch wissen wir, dass wir eine gute Entscheidung getroffen haben? Nach welchen Werten sollen wir unser Leben ausrichten? Brauchen wir überhaupt noch Werte? Insbesondere durch Globalisierung und Internet klopft eine bunte Schar an Lebensstilen, sozialen Umgangsformen und natürlich auch Produkten an unsere Tür. Auf die Frage, welche davon wir hereinlassen sollen, wissen wir bald keine Antwort mehr. Alles wirkt relativ. Wenn alles in unserem Leben relativ geworden ist, schweben wir im luftleeren Raum, im wert- und sinnentleerten Vakuum. Wonach sollen wir uns orientieren?

Manchmal sitze ich hier abends im Hafen an der Pier. Während die Schiffe, die hier angelegt haben, sanft in den Wellen schaukeln, blicke ich auf zum Himmel. Wenn es klar ist, sind am Firmament die Sterne zu erkennen. Die Tierkreise und sämtliche andere Sternbilder werden sichtbar. Im alten Griechenland und zuvor schon bei den Ägyptern waren es hauptsächlich die Philosophen und Gelehrten, die nachts die Sterne beobachteten. Astronomie war ihre Wissenschaft. Die Bewegungen der Planeten zu beobachten war ihre Aufgabe. Diese Menschen wussten damals noch nicht, dass die Erde eine Kugel ist. Sie hatten auch noch nicht die Vorstellung vom

---

5  Frankl, Viktor E. und Lukas, Elisabeth: Der Seele Heimat ist der Sinn. Logotherapie in Gleichnissen. Kösel 2005.

Universum wie wir heute. So gesehen lebten sie in einer gänzlich anderen Realität. Aber sie fanden sich gut zurecht. Die Region am Mittelmeer war gekennzeichnet durch florierenden Handel und hochentwickelte Schifffahrt. Die Astronomen trugen dazu einen wesentlichen Teil bei. Durch ihre Beobachtung der Gestirne stellten sie fest, dass es im Norden einen Stern gab, der sich nicht bewegte. Egal, zu welcher Jahreszeit, der Stern behielt immer seine Position. Der Polarstern wurde zu einer der wichtigsten Orientierungshilfen der Seefahrt über Jahrhunderte hinweg. In jeder Epoche und in jeder Kultur diente er zur Standortbestimmung und galt als Symbol für Beständigkeit. Auch die Boote hier im Hafen könnte man anhand des Polarsterns übers Meer navigieren. Dieser Stern ist richtungsweisend. Freilich, wir verlassen uns heute mehr auf technische Navigationsinstrumente wie GPS. Aber die natürlichen Orientierungssysteme stehen uns nach wie vor zur Verfügung. Als ich mir das vor kurzem überlegte, ist mir eine Idee in den Sinn gekommen. Nein, eigentlich eine Frage: Könnte es so etwas wie ein natürliches inneres Orientierungssystem geben? Ein inneres GPS, einen Polarstern des Bewusstseins, der uns hilft, unseren Standort im Leben zu bestimmen, der uns Orientierung gibt, uns Sinn finden lässt – etwas in uns, das richtungsweisend ist und uns in unseren Heimathafen bringt?

Das meine ich natürlich symbolisch, metaphorisch. Aber wahrscheinlich ist genau das der entscheidende Punkt: die Dinge symbolisch zu betrachten. Die folgenden Ausführungen beschäftigen sich mit der Frage, ob es ein Navigationsinstrument in uns gibt, das uns den Weg weisen kann – und allenfalls, *wie* das gehen könnte. Meine praktisch-philosophischen Forschungen dazu sind insbesondere durch meine bisherigen Erfahrungen und Ausbildungen am TRILOGOS Institut geprägt. Sie werden sozusagen das Fernrohr sein, durch das wir blicken, um den Polarstern des Bewusstseins, den PsyQ oder das Höhere Selbst zu erkunden.

# Relativität und Orientierung

## Vom Schiff in der Meeresenge

*„Die Umwelt, so wie wir sie wahrnehmen, ist unsere Erfindung."*[6]

HEINZ VON FOERSTER

Die Relativität von Werten, Normen und Prinzipien hat auch in den Wissenschaften Einzug gehalten, d.h. in den gesellschaftlichen Einrichtungen, die Wissen schaffen. Aus plausiblen Gründen. Passend zu Norwegen und seiner abenteuerlichen Seefahrtsgeschichte lasse ich Paul Watzlawick dieses Problem durch sein berühmtes Gleichnis von einem Schiff in der Meerenge darstellen:

„Die Lage jedes Menschen beim Versuch, Wissen zu erlangen, ist der Situation eines Kapitäns vergleichbar, der in dunkler, stürmischer Nacht – von einer bestimmten Stelle aus – eine Meerenge durchsteuern muss, deren Beschaffenheit er nicht kennt, für die keine Seekarte besteht und die keine Leuchtfeuer oder andere Navigationshilfen besitzt. Er wird entweder scheitern oder jenseits der Meerenge wohlbehalten das sichere, offene Meer erreichen. Läuft er auf eine Klippe auf und verliert Schiff und Leben, so beweist sein Scheitern, dass der von ihm gewählte Kurs nicht der richtige für die Meerenge war. Er hat sozusagen „erfahren", wie die Durchfahrt

---

6 von Foerster, Heinz: Das Konstruieren einer Wirklichkeit. In: Die erfundene Wirklichkeit. Wie wissen wir, was wir zu wissen glauben? Beiträge zum Konstruktivismus. Hg. von Paul Watzlawick. München 1985. S. 40.

„nicht" ist. Kommt er dagegen heil durch die Enge, lehrt ihn sein Erfolg nichts über die wahre Beschaffenheit der Meerenge, nichts darüber, wie nahe er der Katastrophe vielleicht war. Sein Kurs passte in die ihm unbekannte Gegebenheit."[7]

Demzufolge erschafft die Wissenschaft keine Modelle, die die Natur abbilden, z.B. Seekarten, die mit der Meerenge übereinstimmen. Vielmehr kreiert sie Modelle, die auf die Gegebenheiten der Natur passen, die funktionieren. Denn die Seekarte ist ein geeignetes Instrument, um durch eine Meerenge zu gelangen. Übertragen wir dies auf unseren Alltag. Auch hier leben wir in unserer Gesellschaft nach Verhaltensformen, sozialen Mustern, alten Prägungen und Traditionen, die funktionieren. Mit vielen dieser Muster und Traditionen konnten wir bisher ganz gut leben. In den letzten Jahren ist uns aber etwas Wichtiges aufgefallen. Auch in anderen Kulturen gibt es Wissensformen und Lebensstile, die ganz gut funktionieren. Wir können also jetzt nicht mehr behaupten, unser Lebensstil sei *der* richtige. Jemand, der behauptet, er würde sein Leben nach den *absolut* richtigen Maßstäben leben, den würden wir doch verdächtig finden, oder? Auf der anderen Seite könnte ich Sie aber fragen, warum Sie Ihr Leben ausgerechnet nach den Prinzipien und Werten leben, nach denen Sie es gerade tun? Warum sind es gerade diese und nicht andere? Wie rechtfertigen Sie das? Oder sind Sie sich gar nicht so sicher, ob Sie nach bestimmten Prinzipien leben? Das kann ich gut verstehen und ich möchte Ihnen dazu kurz über ein Erlebnis zum Thema Orientierungslosigkeit erzählen.

Am Tag nach meiner Doktoratsprüfung hatte ich ein sehr bewegendes Gespräch. Es nahm daran einerseits ein Bekannter von mir teil. Er ist überzeugter Konstruktivist. Ein Konstruktivist ist jemand, der glaubt, dass der Mensch immer, wenn er vorgibt, die Wirklichkeit zu entdecken, sich eigentlich eine Realität erschafft. Ein Konstruktivist ist also einer, der an

---

[7] Watzlawick, Paul (Hg.): Die erfundene Wirklichkeit. Serie Piper. München. 1981. S. 14f.

obiges Beispiel von der Meerenge glaubt. Andererseits nahm an dem Gespräch auch Linda Roethlisberger teil, sie ist Gründerin und Leiterin des TRILOGOS Instituts für Persönlichkeits- und Bewusstseinsschulung. Von ihr und ihrem Institut werden wir später noch mehr erfahren. Im Zentrum des Gesprächs stand die Frage nach dem Lebenssinn – ein sicherlich unerschöpfliches Thema. Aber in unserem Gespräch gab es einen gemeinsamen Nenner zwischen den Beteiligten. Alle waren sich einig, dass jeder Mensch fähig ist, sich seinen eigenen Lebenssinn zu geben. Jeder Mensch ist fähig, sein eigenes Weltbild zu „zimmern". Für Linda Roethlisberger hieß das Folgendes: Wenn sich ein Mensch für einen bestimmten Lebenssinn entscheidet oder ihn findet, dann ist es wichtig, dass er sich auch auf ihn einlässt, und zwar ganzheitlich, intellektuell sowie auch emotional und spirituell. Er muss von diesem Sinn überzeugt sein und auf ihn vertrauen, sonst kann dieser nicht in seinem Alltag erlebbar und wirksam werden. Sonst ist er nicht ganzheitlich, nicht in Fleisch und Blut integriert und kann nicht aufrichtig gelebt werden. Denn erst durch dieses *Sich-darauf-einlassen-und-darauf-vertrauen-Können* wird Lebenssinn auch mehr und mehr emotional erlebbar und dadurch bewusst erfahrbar. Ein Auseinandersetzen mit den eigenen Gefühlen wird möglich. Der Konstruktivist widersprach Linda Roethlisberger. Er meinte, gerade dieses *Daran-Glauben* und *Sich-darauf-Einlassen* führe in eine persönliche Scheinwelt, weil ein Mensch, der da auf einen transzendenten Sinn im Leben vertraut, sich etwas konstruiert. Ein solcher Mensch sollte eigentlich wissen, dass seine Welt nicht mehr ist als phantasievolle Hirngespinste. Und genau diesen Fehler möchte er, als überzeugter Konstruktivist, nicht begehen. Im Laufe des Gesprächs betonte er, ihm würde es nie einfallen, an etwas Gutes, Positives im Leben zu glauben. An einen höheren Sinn schon gar nicht, denn das seien für ihn trügerische Scheinrealitäten. Aus diesem Grund sei er überzeugter Pessimist. Und hier hat sich besagter Konstruktivist aus meiner Sicht selbst aufs Glatteis geführt. Denn möchte er wirklich nie zu etwas mehr Wohlbefinden und Glückseligkeit gelangen? Als überzeugter Pessimist wird das wohl eher schwierig. Ich kannte das aus eigener Erfahrung. Auch ich war einige Jahre zuvor vollkommen davon überzeugt, jeder Mensch würde sich seine eigene Wirklichkeit herbeizaubern, jeder würde somit in einer Scheinwelt leben. Das zeigt: Manche Ansätze können im wissenschaftlichen Bereich recht gut funktionieren. Wenn sie dann in den privaten Bereich und dadurch in den praktischen Alltag eines Menschen übertragen werden, können sie dort einiges anrichten. Es kommt immer darauf an, wie diese Übertragung geschieht. Mir ist das damals nicht sehr gut gelungen. Die Einstellung, alles sei nur konstruierter Schein, machte mich zweifellos depressiv. Es lähmte meine Lebensfreude. Wonach sollte ich mein Leben ausrichten? Wo sollte ich Halt und Geborgenheit finden, wenn doch alles sinnlos und letztlich irrelevant war? Ich glaube, das ist genau das Gefühl, das heute so viele Menschen haben. Wonach sollen sie sich ausrichten, wenn doch alles völlig relativ ist? Doch eines Tages – dem Himmel sei Dank – traf mich der Blitz der Erkenntnis, und ich verstand plötzlich intuitiv: Wenn ich davon überzeugt bin, dass alles sinnlos ist, dann bin ich ja auch von etwas überzeugt. Ich glaubte ja dann auch an etwas, nämlich an die Sinnlosigkeit des Lebens! Und dieser Glaube prägte mein Denken sowie meine Gefühlswelt – und die fühlte sich schlecht an. IQ, EQ und SQ beeinflussen sich gegenseitig, wie die Trilogos-PsyQ®Methode behauptet und wir gleich sehen werden. Und ich *glaube*, sie hat recht. Denn ich fragte mich dann, wieso dieser pessimistische Glaube besser sein sollte als ein positiver. Nachdem ich keine Antwort darauf fand, wurde mir klar, dass es in erster Linie gar nicht um den Inhalt unseres Glaubens und unserer Überzeugung geht. Es geht um die Kraft, die hinter unserem Glauben selbst steckt. Mit unseren Überzeugungen können wir tatsächlich Wirklichkeiten erschaffen. Mit unserem Glauben können wir Berge versetzen. Symbolisch gesehen war das einer jener ersten Momente, in denen ich eine Konstante auf meinem inneren Nachthimmel aufleuchten sah: Wir können nicht nicht glauben[8]. Der Polarstern meines Bewusstseins, mein Höheres Selbst, begann zu strahlen. Aber in welche Richtung führte er mich? Wohin sollte die Reise diesmal gehen?

---

[8]  vgl. Weiss, Michael: Wir können nicht nicht glauben. Trilogos Verlag. Zürich. 2008.

# Spurensuche und Individuationswege

## Vom Wandern in der Trockenzone

*„Auf einmal war es ihm klar, dass die Suche der einzige Grund des bisherigen Nichtfindens gewesen war; dass man da draußen in der Welt nicht finden und daher nie haben kann, was man immer schon ist."*[9]

PAUL WATZLAWICK


Als im Jahr 1993 Hans Küngs Dokumentarreihe „Spurensuche"[10] von 3SAT ausgestrahlt wurde, bekamen die Zuschauer Folgendes zu sehen: Faszinierende Einblicke in die Weltanschauungen, Werte und Traditionen der großen Religionen taten sich auf. Besonders auffallend war, wie in jeder Religion der gemeinsame Glaube an einen höheren Daseinsgrund den Menschen unglaubliche Kraft verlieh – im Guten wie im Schlechten, ob Heils- oder Kinderarmee. Aber es war nicht nur der Sinn, den der Einzelne dadurch in seinem Leben finden konnte und durch den er Orientierung bekam. Es gab noch etwas anderes, das bei dieser Spurensuche zutage trat: der Glaube an eine transzendente Wirklichkeit, an ein Jenseits, Nirwana etc. In welcher Form diese transzendente Wirklichkeit auch in Erscheinung trat, sie hatte immense Folgen auf die Art und Weise, wie Menschen in Gemeinschaft zusammenlebten, darauf, wie sie ein friedliches, wertschätzendes Miteinander gestalteten. Die Verknüpfung zwischen Sinn und Wert im

---

9 Watzlawick, Paul: Vom Schlechten des Guten. Piper Verlag. München. 1991. S. 122.
10 vgl. Küng, Hans: Spurensuche. Die Weltreligionen auf dem Weg. DVD Gesamtset. Grünwald Komplett-Media GmbH. 1993.

Leben, zwischen Spiritualität und Ethik ist hier auffallend eng, und zwar unabhängig davon, um welche Kultur oder Religion es sich handelt. Das Forscherehepaar Zohar und Marshall meinen den Grund dafür zu kennen:

„Spirituelle Intelligenz ist nicht kulturabhängig oder wertgebunden. Sie folgt nicht aus bestehenden Werten, sondern schafft vielmehr überhaupt erst die Möglichkeit, Werte zu haben. [...] Es handelt sich um die Intelligenz, mit deren Hilfe wir nicht nur bereits bestehende Werte erkennen, sondern auch kreativ neue Werte entdecken. "[11]

Mit unserem Glauben und Vertrauen schaffen wir uns unsere Wirklichkeit, die manchmal auch eine transzendente sein kann. Wir erschaffen uns mit unseren Überzeugungen ein größeres Ganzes, in dem wir uns als Teil davon eingebettet verstehen. Egal, welcher Religion wir angehören, ob wir Agnostiker sind oder Atheisten, wenn wir uns als Teil eines größeren Ganzen fühlen, erhalten wir Orientierung in unserem Leben. So wie der Beduine in der Wüste, der den Polarstern sichtet und sich wieder neu „ausnorden" kann. Das wird als spirituelle Intelligenz bezeichnet, und mit ihr sollen wir kreativ neue Werte entdecken und Sinn finden können. Wie soll das gehen, wonach sollen wir uns ausrichten, wenn wir uns auf die Spurensuche zur Glückseligkeit begeben? Nun, ich hätte eine Idee, wie diese Orientierung gelingen könnte. Lassen Sie sie mich am besten mit folgendem Erlebnis beschreiben, das ich bei meiner Ankunft in Oslo am Flughafen Gardamoen hatte.

Nach der Landung verließ ich den Flieger und marschierte in das Flughafengebäude. Dort folgte ich den Zeichen und Hinweisschildern auf meinem Weg Richtung Gepäckausgabe und von dort weiter zum Ausgang. Solche Hinweisschilder auf Flughäfen nennt man Leit- oder Orientierungssysteme, auf Englisch auch „wayfinding". Sie sind etwas sehr Ausgeklügeltes und

---

11 Zohar, Danah u. Marshall, Ian: SQ – Spirituelle Intelligenz. Verlag Scherz. Bern, München, Wien. 2000. S. 18.

Durchdachtes, obwohl sie so einfach wirken. Meist funktionieren sie gänzlich ohne Worte, d.h. nur mit Bildern, Farben und Symbolen. Für solche Leitsysteme gibt es eine eigene Wissenschaft, die sich Signaletik nennt. Ein gutes Orientierungssystem auf einem Flughafen lässt Menschen an jene Orte gelangen, zu denen sie möchten (z.B. auf die Toilette, zum Duty Free Shop, zum ärztlichen Notdienst, zur Business Lounge etc.) und zwar unabhängig davon, ob sie die jeweilige Sprache des Landes sprechen, in dem sich der Flughafen befindet. Die Orientierung funktioniert einzig und allein über Symbole, die jeder versteht, unabhängig vom intellektuellen Bildungsniveau. Wichtig dabei ist nur, die Zeichen auf seinem Weg zu erkennen und sich danach auszurichten. Solche Orientierungs- und Leitsysteme gibt es aber nicht nur auf Flughäfen. Mittlerweile sind wir an so vielen Orten in unserem Leben umgeben von Symbolen, die uns den Weg weisen. Wir nehmen es oft gar nicht mehr bewusst wahr. Etwa die Trennung von Raucher- und Nichtraucherbereichen in einem Lokal durch die entsprechenden Symbolkärtchen auf den Tischen oder das Männchen und das Weibchen auf den entsprechenden Türen der Damen- und Herrentoiletten. Würden aber diese Zeichen fehlen, z.B. in einem Restaurant die Hinweisschilder zu den Toiletten oder zum Notausgang, dann kann schnell Orientierungslosigkeit herrschen. Geben Sie doch beim nächsten Mal darauf acht, wenn Sie mit der U-Bahn fahren oder wenn Sie in einem Café sitzen, wo Sie Zeichen und Symbole umgeben, die Sie unmittelbar, intuitiv verstehen, ohne Deutsch-, Englisch- oder sonstige Sprachkenntnisse. Worauf machen sie Sie aufmerksam und wo führen sie Sie hin?

Was wäre, wenn jeder Mensch über sein persönliches inneres Leitsystem verfügen würde? Was wäre, wenn sich auf dem Lebensweg eines jeden Menschen Zeichen und Symbole befinden, nach denen er sich ausrichten kann? Zeichen, die ihn, wenn er sie erkennt und ihnen folgt, zu mehr Sinnfindung und Werterfüllung führen können. Wohin diese ihn auch bringen, er wird sich auf seinem Weg seinem Wesen, seinen Anlagen und Potenzialen, seinem Wachstumstempo gemäß entfalten können. Und dadurch kann er sich geborgen und wohl fühlen, in Vertrauen seinem Polarstern folgend. Er wird das Gefühl haben, zur richtigen Zeit am richtigen Ort zu sein. Und genau dieses Gefühl hatte ich, als ich in Oslo am Flughafen ankam. Warum? Weil ich plötzlich intuitiv die Zeichen auf meinem Weg erkannte: Die gelb-dunkelblauen Hinweisschilder, die zentraler Bestandteil des Leitsystems auf diesem Flughafen sind, kannte ich bereits. Sie tauchten seit einem Jahr regelmäßig in meinen Träumen auf. Immer wieder sah ich mich auf einem Flughafen mit diesen gelb-dunkelblauen Schildern. Immer wieder sah ich mich in einer Ankunftshalle, die freundlich und sonnendurchflutet war. In meinen Träumen hatte ich dabei immer ein sehr wohliges Gefühl – nämlich genau jenes, zum richtigen Zeitpunkt am richtigen Ort zu sein. Aber ich wusste weder, wo dieser Ort lag, noch, was ich dort zu tun hatte.

Das alles begann im Himalaya. Ich war damals gerade auf einigen Trecks in Nepal und Ladakh unterwegs. Das Wandern mit Rucksack in den sogenannten Dry Zones, den wüstenähnlichen Trockenzonen über 3000 Meter, hat etwas sehr Meditatives an sich, aber auch etwas unglaublich Anstrengendes. Nicht nur, weil man sich erst an das Gehen in diesen Höhen gewöhnen muss, auch weil durch das Gehen selbst Prozesse im Bewusstsein ausgelöst werden können. Das klingt vielleicht komisch, aber Wallfahrten hatten seit jeher den Zweck der meditativen Einkehr[12]. Ängste und Zweifel können dabei hochkommen. Sie wollen erlöst werden. Fernab jeglicher Zivilisation merkt man plötzlich, was es heißt, auf sich allein gestellt zu sein. Auch das Gehen während des Trecks kann zu einem Hindurchgehen durch die eigenen Ängste werden. So unglaublich es klingt, aber in einer der forderndsten Phasen auf diesen Trecks tauchte in mir plötzlich so etwas wie eine höhere Führung auf. Während dieser transzendenten Erlebnisse hatte ich auf einmal das Gefühl, mit etwas Höherem verbunden zu sein, ich will nicht sagen mit Gott, aber mit etwas Göttlichem. Nennen wir es vorerst symbolisch *Götterfunken*. Dieser sagte mir: „Vertraue darauf, dass du diesen Ort, von dem du träumst, errei-

---

[12] vgl. May, Christof: Pilgern. Menschsein auf dem Weg. Echter Verlag. Würzburg. 2004.

chen wirst. Egal, was in deiner Außenwelt passiert. Vertraue darauf und sei bereit für einen Neuanfang und einen Ortswechsel." Ich konnte mich nun entscheiden, ob ich dieser höheren Führung, diesem Polarstern an meinem inneren Himmel, trauen wollte oder nicht. Ich entschied mich, die erhaltenen Handlungsimpulse ernst zu nehmen. Diese waren Ortswechsel, Neuanfang und Vertrauen in meinen *Götterfunken*. Zurück in meinem Alltag begann ich dann Schritte in diese Richtung zu setzen, immer mit dem Vertrauen darauf, dass diese im Sinne meiner höheren Führung waren. Und siehe da, diese Träume wurden mir zu Spuren auf dem Weg, nach dem ich suchte. Jetzt, wo ich an diesem Platz in der physischen Realität angekommen bin, habe ich wirklich das Gefühl, zum richtigen Zeitpunkt am richtigen Ort zu sein. Meine Träume von damals sind wahr geworden. Das lässt mich in gewisser Weise ruhig werden, macht mich glücklich. Es ist ein Gefühl des Wohlbefindens, das da in mir eingekehrt ist. Ein Gefühl, dass etwas in mir lange schlummerte und nun geweckt wurde – etwas, das aus einem Traum in der Wirklichkeit erwacht und endlich munter und lebendig wird. Manche meiner Anlagen und Potenziale scheinen aus ihrem Dornröschenschlaf aufzuerstehen, hier in dieser neuen Umgebung. Man kann sagen, die Zeichen auf meinem Weg, mein inneres Leitsystem, haben mich hierher geführt. Genau das versteht C.G. Jung unter Selbstfindung. Er nennt es auch Individuation bzw. Individuationsweg. Zu dieser Entdeckung kam er bei der Analyse von Traumserien seiner Klienten:

> „Sie [Anm.: die Träume] scheinen unter sich zusammenzuhängen und in tieferem Sinn einem gemeinsamen Ziel untergeordnet zu sein, so dass eine lange Traumserie nicht mehr als ein sinnloses Aneinanderreihen inkohärenter und einmaliger Geschehnisse erscheint, sondern als ein wie in planvollen Stufen verlaufender Entwicklungs- und Ordnungsprozeß. Ich habe diesen in der Symbolik langer Traumserien sich ausdrückenden unbewußten Vorgang als Individuation bezeichnet."[13]

---

13 Jung, C.G.: Traum und Traumdeutung. 12. Aufl. dtv. 2005.

Unter Individuation versteht C.G. Jung einen Entwicklungsprozess, der zu Sinnfindung, Werterfüllung und Glückseligkeit führt. Der Weg dorthin ist aber nicht über das Außen zu suchen. Die Spuren und Zeichen können dort nicht gefunden werden. Vielmehr ist es die persönliche Traumsymbolik, die hier Orientierungshilfe leistet. Wie soll das gehen und wie soll das jeder lernen können? Mit dieser Frage werden wir uns nun anhand von erlebten, praktischen Beispielen über die sogenannte Trilogos-PsyQ®Methode (TPM) auseinandersetzen. Sie ist sozusagen so etwas wie eine Sternwarte, durch die der persönliche Polarstern näher betrachtet werden kann.

Denn ihr Ziel ist, einen solchen Individuationsprozess auszulösen und zu unterstützen. Ihr Ziel ist es, Menschen von der Signaletik ihres Bewusstseins zur „Signal-Ethik" ihrer Persönlichkeit zu führen. Oder anders formuliert: Bei dieser Methode geht es darum, das menschliche Potenzial (PsyQ), das in jedem und jeder von uns steckt, zur Entfaltung zu bringen. Ziel ist, auf diese Weise zu persönlicher, sozialer Kompetenz (PsyK) zu gelangen – von der Individuation zur Integration zur Kooperation. Also zu einer gelebten Ethik, die gleichzeitig seelisch-geistiges Wohlbefinden mit sich bringt[14]. Wir werden uns nun ansehen, wie ein solches *wayfinding* anhand dieser Methode funktionieren könnte, und zwar unabhängig von äußeren Faktoren wie Opinion Leaders, Peer Groups, Coaches, Alpha-Tierchen, Master Minds, Talking Heads, Gurus und wie sie alle heißen.

---

14 Roethlisberger, Linda: Trilogos-PsyQ®Methode. Mit vernetzten Symbolen zur Selbsterkenntnis. Peter Lang Verlag. Frankfurt a. M. 2006.

# Spiritualität und Alltag

## Vom Überwinden der Flugangst

*„Das von Sehnsucht erfüllte Herz findet seinen höchsten Frieden, indem es sich mit dem Herzen der Schöpfung vereint."*[15]

DEEPAK CHOPRA

Fangen wir beim Anfang an. Was heißt überhaupt „TRILOGOS" und was bedeutet „PsyQ"? TRILOGOS ist ein Institut, das 1990 von Linda Roethlisberger, die ich vorhin schon erwähnt habe, gegründet wurde und das sie seither leitet. Es ist ein Institut für Persönlichkeits- und Bewusstseinsschulung, dessen Ziel es ist, Menschen dabei zu unterstützen, ihr menschliches Potenzial – ihren sog. PsyQ – zu entfalten. Die integrale Methode dieses Instituts heißt, wie schon erwähnt, Trilogos-PsyQ®Methode (TPM). Integral ist sie deshalb, weil sie drei wesentliche Aspekte des menschlichen Seins miteinander verbindet. Es sind dies unser Denken, also unsere rational-logische Intelligenz (IQ), unser Fühlen, sprich unsere emotionale Intelligenz (EQ), und dann noch unser Vermögen, an etwas zu glauben bzw. auf etwas zu vertrauen, d.h. unsere spirituelle Intelligenz (SQ). Die Verbindung von IQ, EQ und SQ hat Linda Roethlisberger „PsyQ" genannt: PsyQ – die psychodynamische Intelligenz des Menschen, das menschliche Potenzial. Und dieses soll, wie gesagt, durch die Trilogos-PsyQ®Methode (TPM) mehr und mehr zur Entfaltung gebracht, in unseren Alltag integriert und in ihm gelebt

---
15  Chopra, Deepak: Das Buch der Geheimnisse. Goldmann Verlag, München. 2005. S. 65.

werden können – als eine Orientierungshilfe auf unserem Weg durch die integrale Wirklichkeit hin zum seelisch-geistigen Wohlbefinden. Bevor es zu theoretisch wird, zeige ich Ihnen lieber an einem praktischen Beispiel, wie IQ, EQ und SQ als PsyQ zusammenwirken und sich gegenseitig beeinflussen.

Ich begann im Jahr 2002 mit der TRILOGOS Grundschulung in Zürich. Damals lebte ich noch in Wien und hatte eigentlich keine große Freude am Reisen und Flugangst ohnehin. Es war für mich schier unerklärlich, wie eine Blechkiste mit Flügeln überhaupt abheben konnte. Während jedes Fluges bangte ich um mein Leben. Ich dachte, dass es an so einem Riesending so viel gibt, was kaputt gehen könnte. Angst vor dem Kontrollverlust tauchte in mir auf. Während der Grundschulung erkannte ich aber, dass die Furcht vor dem Fliegen und Verreisen eigentlich eine Furcht vor dem Fremden, dem Unsicheren und Unvertrauten war. Und dieses Unsichere, Unvertraute kann Anlass zur Angst vor dem Kontrollverlust sein. Was würde dagegen wohl helfen? Vertrauen vielleicht? Vertrauen in sich selbst und seine innere Stimme, Urvertrauen in Gott, ins Universum oder wie immer man das für sich bezeichnen möchte? Vertrauen darauf, genau an den richtigen Platz zur richtigen Zeit geführt zu werden? Nun, genau dieses umfassende Vertrauen (SQ) fehlte mir, gerade wenn es ums Reisen ging. Dadurch bekam ich schon oft Tage vor einem Flug Angst und Bauchkrämpfe (EQ). Das wiederum schränkte meine Fähigkeit, klar, sachlich und strategisch zu denken (IQ), stark ein, z.B. bei meinem Studium. Mein menschliches Potenzial, meinen PsyQ, konnte ich in solchen Lebenslagen dementsprechend nur eingeschränkt nutzen.

Ohne umfassendes Vertrauen (SQ) wird es schwer, durch Ängste hindurchzugehen (EQ) und sie zu überwinden. Dann noch einen klaren Kopf zu bewahren (IQ) ist fast ein Ding der Unmöglichkeit. Ich fühlte mich im wahrsten Sinne des Wortes immer hin- und hergerissen zwischen Gefühl und Verstand. Vielleicht kennen Sie dieses Gefühl: Das Herz sagt „ja", der Verstand sagt „nein". Man erlebt sich mit „gespaltenem", nicht ganzem

Herzen. Die ständige Unsicherheit quält einen mit der Frage: „Was tun, wenn etwas passiert?" Nun, das ist nicht gerade jene Frage, die zu einem lebensbejahenden Handeln motiviert, eher zu einem Tun, an dem noch die Fingerabdrücke unseres Angstschweißes kleben. Damit ein solch tiefes Vertrauen möglich wird, ist eine Auseinandersetzung mit der persönlichen Spiritualität und die Art, wie wir sie erleben und leben, unumgänglich, glaube ich. Dabei hat aus meiner Sicht Spiritualität nicht notwendigerweise etwas mit Religion zu tun, vielmehr mit Vertrauen in ein Ganzes, von dem man sich als integrierter, wertvoller Teil empfindet. Dieses Vertrauen kann jeder Mensch entwickeln, und Forscher haben sogar eine eigene Region im Gehirn entdeckt, die dafür verantwortlich ist. Sie nannten sie *God Spot*[16].

Den eigenen God Spot zu aktivieren heißt, sich mit der eigenen Spiritualität auseinanderzusetzen. Bei der TRILOGOS Grundschulung wird dies durch verschiedenste Techniken gefördert. Bei mir führte das nach ungefähr einem halben Jahr dazu, dass ich keine Flugangst mehr hatte. Nach einem Jahr war Fliegen für mich zu einer Selbstverständlichkeit geworden. Nach drei Jahren lernte ich Paragleiten. Ich wurde selbst zum Piloten. Was ist geschehen? Mit Worten ist das schwer zu beschreiben. EQ und SQ sind sprachlich schwer fassbar. Sie müssen vielmehr erfahren und erlebt werden. Bevor es daher zu theorielastig wird, möchte ich Ihnen eine erste Übung an die Hand geben. Sie soll Ihnen auf erlebbare Weise näherbringen, was mit dieser Verbindung von IQ+EQ+SQ=PsyQ eigentlich gemeint ist. Diese folgende Übung war übrigens eine, die mir bei meiner Flugangst sehr half. Sie war der erste Schritt, um diese zu überwinden, um mein rationales, emotionales und spirituelles Gewahrsein zu harmonisieren. Die Übung ist einfach. Sie können sie in der U-Bahn, am Arbeitsplatz, morgens im Bett oder eben auch im Flugzeug leicht durchführen.

---

16  vgl. Zohar, Danah u. Marshall, Ian: SQ – Spirituelle Intelligenz. 2000. S. 105f.

## Raum der Stille – Ort der Kraft

*Sie können die Übung auf Tonband aufnehmen und dann auf Ihrem iPod hören. Oder Sie können sie durchlesen und sich einprägen. Vielleicht kennen Sie ja auch jemanden, der sie Ihnen gerne vorliest oder der sie gerne von Ihnen vorgelesen bekommen möchte. Mit der Zeit können Sie lernen, die Übung ganz ohne Anleitung eigenständig durchzuführen.*

*Schließen Sie Ihre Augen und atmen Sie zu Beginn 2-3-mal tief ein und aus. Immer leichter können Sie Ihre Konzentration abwenden von der Welt, die Sie umgibt. Immer mehr können Sie eintauchen in Ihre Innenwelt und in sich hineinlauschen. Stellen Sie sich in Ihrer innerlich erwachenden Phantasie einen Ort vor, an dem Sie sich wohl und geborgen fühlen. Das kann eine vertraute Waldlichtung sein oder der Sandstrand vom letzten Urlaub. Vielleicht auch ein spezieller Ort aus Ihrer Kindheit oder ganz einfach Ihre Badewanne zu Hause. Egal, wo dieser Ort ist, es soll Ihr persönlicher Raum der Stille und Ort der Kraft sein. Sie sollen sich dort ganz und gar wohlfühlen können.*

*An diesem Ort verbinden Sie sich mit dem Höchsten Bewusstsein, mit Gott, Allah, der universellen Schöpferkraft, dem Nichts, oder wie immer Sie das für sich auch bezeichnen mögen – ganz entsprechend Ihrem persönlichen Glauben. Machen Sie Ihr persönliches Gebet, Ihre individuelle Religio. Das kann in Form eines hellweißen Lichts sein, das Sie sanft einhüllt, oder indem Sie sich vorstellen, wie Sie sich symbolisch in die Hände Ihrer höheren Führung übergeben, vielleicht auch, indem Sie sich mehr und mehr vorstellen, wie Sie verbunden sind mit dem ganzen Universum, mit „allem-was-ist". Oder wie Sie mehr und mehr in Einklang mit einem allumfassenden Klang kommen. Immer leichter können Sie sich dadurch geschützt, geführt und geborgen fühlen. Immer mehr kann sich dadurch ein harmonischer Zustand in Ihnen ausbreiten.*

*In dieser spirituellen Verbundenheit stellen Sie sich vor, wie Sie an Ihrem Ort der Kraft sanft von wohltuenden, heilenden Lichtstrahlen eingehüllt werden. Durch diese reinsten Energien aus Liebe und Licht kann sich ein tiefes Vertrauen mehr und mehr in Ihnen entfalten: Pessimismus kann sich immer leichter in Optimismus umwandeln, Negatives immer mehr in Positives. Überflüssiger Ballast kann – wenn die Zeit dazu reif ist – nun von den Lichtstrahlen, die Sie einhüllen, erwärmt und aufgeweicht werden und von Ihnen abfallen. Das Interesse an der Wahrheit hinter der Wahrheit erwacht. Genießen Sie diesen ganzheitlichen Regenerationsprozess, der Sie wohltuend energetisiert und Sie mit neuer Lebenskraft auftankt und stärkt, für eine Weile. Sie können sich dadurch geschützt und geborgen fühlen (2 – 10 min).*

*Dann, wenn es gut für Sie ist, bedanken Sie sich bei Ihrem Höchsten (bei Gott, Allah, etc.). Mehr und mehr konzentrieren Sie sich auf den Raum, in dem Sie sich gerade in der physischen Welt befinden. Atmen Sie 2-3-mal tief ein und aus und öffnen Sie dann frisch gestärkt mit neuer Lebenskraft wieder Ihre Augen.*

Wie haben Sie diese Übung empfunden? Fühlen Sie sich nun etwas entspannter und gestärkter? Oder konnten Sie gar nichts wahrnehmen? Das macht nichts. Zu Beginn ist das auch völlig normal. Sie konnten ja auch nicht gleich sprechen und verstehen, als Sie zur Welt kamen. Bei wiederholtem Praktizieren dieser Übung werden Sie merken, wie es Ihnen immer leichter fällt, in eine friedliche Stille zu kommen und diese immer bewusster wahrzunehmen. Sie werden merken, wie Sie daraus Kraft für Ihren Alltag schöpfen können. Gerade in belastenden Situationen können Sie mit ihr Ihren IQ, EQ und SQ wieder mehr und mehr in Balance bringen. Studien über Krebspatienten, die eine Therapie mit Bilderreisen machten, zeigen übrigens sehr deutlich, wie sich dadurch ihre Lebensqualität steigerte[17]. In der Ausgabe vom 3. Septem-

---

17  vgl. Lyles, J. N., Burish, T. G., Krozely, M. G., and Oldham, R. K.: Efficacy of relaxation training and guided imagery in reducing the aversiveness of cancer chemotherapy. J. Consult. Clin. Psychol., 50, 509. 1982. Oder: Osoba, D. (Ed.): Effect of Cancer and Quality of Life. CRC Press. Boca Raton. 1991.

ber 2005 veröffentlichte das Wissenschaftsmagazin „New Scientist" einen Artikel über spirituelle Meditationen. Darin wird berichtet, dass der positive Effekt von spirituellen Meditationen, ähnlich der oben beschriebenen, statistisch nachgewiesen ist[18]. Menschen, die regelmäßig meditierten, hatten eine bei weitem höhere Schmerztoleranz als andere, ebenso wie einen schnelleren Rückgang an Angst. Licht als Symbol für das Göttliche, für das höchste Bewusstsein, ist übrigens ein Symbol, das sich in sämtlichen Kulturen und Religionen findet[19]. Es ist somit etwas Transreligiöses. Ein Vorschlag also, wenn Sie daran interessiert sind, Ihren PsyQ zu entwickeln: Machen Sie diese Übung über drei Monate hinweg jeden Morgen und Abend nach dem Zähneputzen. Nach dieser Zeit überprüfen Sie, ob ein Fixstern auf Ihrem inneren Horizont aufgetaucht ist, etwas, das Ihnen Kraft, inneren Halt, Vertrauen und Ruhe gibt in Ihrem Leben – eine effiziente Achtsamkeitsübung. Und sei es nur diese kurze, regelmäßige Meditation, die Sie immer wieder in einen wohltuenden Bewusstseinszustand bringen kann. Vergessen Sie dabei nicht: Auf dem richtigen Kurs zu sein heißt nicht, dass Sie nicht mehr durch den Sturm müssen und dass sich manchmal auch schwere Wolken über den Himmel verteilen.

---

18  vgl. New Scientist: Nr. 2515. 3. September 2005. S. 9.
19  vgl. Kapstein, Matthew T.: *The Presence of Light. Divine Radiance and Religous Experience.* The University of Chicago Press. Chicago. 2004.

# Entscheidungen und Daimonions

## Vom Hören der inneren Stimme

*„Es ist ja leider auch nicht so, dass uns das höhere Selbst in uns ohne Erziehung geschenkt werden würde, sondern es muss selbst erst geweckt, gereinigt werden, ehe es erziehen kann, und auch dann bleibt immer noch ein Moment von Hingabe und Empfangen im religiösen Verhältnis, das pädagogischen Charakter hat."*[20]

HERMANN NOHL

Wie ist das genau gegangen mit dem Auflösen meiner Flugangst? Was war der Grund für diese Transformation? Einfach ausgedrückt, hatte ich mich durch die Trilogos-PsyQ-Methode (TPM) intensiv mit meiner Inneren Stimme auseinanderzusetzen begonnen. *Innere Stimme?* – das klingt verdächtig nach Esoterik, meinen Sie vielleicht. Da gebe ich Ihnen Recht. Nur findet sich der Begriff *Innere Stimme* schon bei den alten Griechen. Sie nannten es Daimonion. Sokrates zum Beispiel meinte, das Daimonion sei göttlichen Ursprungs und so etwas wie ein inneres Gewissen[21]. Dieses sprach immer dann zu ihm, wenn er vor einer wichtigen Entscheidung stand. Es warnte ihn in entscheidenden Augenblicken. Es sagte ihm, was er *nicht* tun sollte. Aber nur, weil er es Gewissen nannte, hieß das noch lange nicht, dass es ihm nur in moralischen Belangen etwas zuflüsterte. Auch in anderen Bereichen galt es ihm als ein richtungsweisendes Instrumentarium.

---

20  Nohl, Hermann: Die pädagogische Bewegung in Deutschland und ihre Theorie. 1935.
21  vgl. Weiss, Gabriele: Bildung des Gewissens. VS Verlag. 2004. S. 33f.

Das ist nicht metaphorisch gemeint. In entscheidenden Situationen bekam er intuitiv einen Impuls, wofür er sich *nicht* entscheiden sollte. Er schätzte das Daimonion sogar höher ein als seine Vernunft, seinen Logos – und das will was heißen.

Aber nun zurück zur TPM. Denn auch hier spielt der Kontakt zur Inneren Stimme[22] eine wichtige Rolle. Die Innere Stimme steht sozusagen symbolisch für die innere Wahrnehmung. Sie ist eine Metapher für die Intuition oder das, was jedem immer wieder „in den Sinn" kommt. Ziel dabei ist, die Kraft dieses Kontakts für die persönliche Entwicklung und für Entscheidungen im Alltag bewusst nutzen zu lernen. Ich erzähle Ihnen kurz, wie mir diese Innere Stimme zu einer wichtigen Orientierungshilfe wurde:

Damals, als ich Flugangst hatte, habe ich vor jedem Flug „Rücksprache" mit meiner Inneren Stimme gehalten. Ich habe sie gefragt, ob das Flugzeug gut sein Ziel erreichen wird. Die empfangenen Eindrücke dienten mir als Wegweiser bei der Frage: Soll ich oder soll ich nicht einsteigen? Das waren z.B. innere Bilder, die in mir hochkamen, Geistesblitze, oder das klare Gefühl, dass ich noch an diesem Tag wohlbehalten von Zürich in Wien ankommen werde. Diese innere Kommunikation wurde nach einer gewissen Zeit besser und besser. Ich wusste dann oft sogar schon im Vorhinein, wo und ob es auf dem Flug Turbulenzen geben würde. Dieses geistige „Check in" mache ich heute vor allem noch vor meinen Flügen mit meinem Paragleiter. Neben dem technischen Know-how und den Messinstrumenten, die ich bei diesem Sport habe, höre ich sozusagen auch regelmäßig auf die Funksprüche meiner Inneren Stimme, ob der Kurs stimmt. Was für ein Gefühl habe ich vor dem Abflug? Soll ich starten oder nicht?

Das Glauben und Vertrauen auf diese Innere Stimme hilft mir, mein menschliches Potenzial, meinen PsyQ – mittels meiner Wahrnehmung

---

22 Roethlisberger, Linda: Im Kontakt mit der Inneren Stimme. Bauer Verlag. 1999.

– zu entfalten. Darin sah auch Sokrates den Wert des Daimonions: Er verstand es als Orientierungshilfe auf dem Weg zum geglückten Leben, zur Glückseligkeit, zur Eudaimonia, wie es die griechischen Philosophen nannten. Eudaimonia, so meinte Aristoteles, konnte nur durch eine tugendhafte Lebensweise erreicht werden. Unter den Tugenden verstand er positive menschliche Eigenschaften, Potenziale. Jemand, der diese Potenziale entfaltet, handelt nicht nur ethisch. Er fühlt sich dabei auch gut, glückselig, weil er etwas, das in seinem Wesen angelegt ist, auch zum Ausdruck bringen kann. Ethik ist also bei Aristoteles etwas sehr Freudvolles. Ein tugendhafter Mensch strebt nach einem geglückten, liebevollen Miteinander. Gleichzeitig macht ihn dieses Streben selber glücklich. In einem Grundkursbuch für historische Pädagogik habe ich dazu folgendes Zitat entdeckt:

„Handelt ein Mensch entsprechend seiner Einsicht, erlangt er Eudaimonia, wahres Wohlergehen. Und wahres Wohlergehen, Glückseligkeit hat der Mensch, der in Übereinstimmung mit sich selbst ist, der in Einklang mit seinem Daimonion, seinem Gewissen ist. Dass das Gute nicht deshalb getan werden soll, weil ein Gott es befiehlt und weil man vielleicht irgendwann einmal dafür belohnt ist, zeigt auch die Doppelbedeutung von Eu Prattein. Eu Prattein bedeutet nämlich sowohl gut handeln als auch sich gut fühlen. Das Tun des Guten ist also schon in sich Eudaimonia."[23]

Der Weg wird zum Ziel. Wenn ich hier über das Verhältnis zwischen Innerer Stimme und Glückseligkeit spreche, dann fällt mir der Gegenwartsphilosoph Ken Wilber ein. Er erzählt in seinem Buch „Mut und Gnade" auf berührende Weise über die Beziehung mit seiner Frau und wie er sie letztlich durch Krebs verlor. In einer eindrucksvollen Szene berichtet er darin, wie er immer mehr den Kontakt zu seinem Daimonion, seiner Inneren Stimme, verloren hatte. Orientierungslosigkeit und Alkoholsucht machten

---

[23] Zwick, Elisabeth: Spiegel der Zeit – Grundkurs Historische Pädagogik I. LIT Verlag. Berlin-Hamburg-Münster. 2004.

sich in seinem Leben breit[24]. Er hatte das Gefühl, vom Weg abgekommen zu sein und nicht mehr seiner *Be-stimmung* zu folgen. Er war alles andere als glückselig. Bewusst versuchte er dann wieder auf diese Innere Stimme zu horchen. Das heißt, sich auf sich selbst einzulassen und seine Gedanken und Gefühle ernst zu nehmen. Wie die Kommunikation mit der Inneren Stimme konkret aussehen kann, möchte ich mit der folgenden Geschichte zeigen:

Während eines TPM-Trainings hatte ich bei einer Übung folgende Vision: Es war das Bild von einer muslimischen Stadt, das sich mir offenbarte. In der Stadt fielen Gewehrschüsse. Fundamentalistische Gruppierungen hatten sich dort verschanzt. Inmitten dieser Stadt konnte ich Linda Roethlisberger und mich erkennen. Wir hatten dort einen Auftrag zu erledigen, auch wenn ich nicht genau wusste, welchen. Beide waren wir in ein göttliches, weißes Licht eingehüllt, das uns Schutz, Führung und Geborgenheit gab. Die Botschaft, die ich noch erhielt, lautete: „Mit sanften Schritten gehen, um die Skorpione nicht aufzuschrecken." Ich hätte aber zum Zeitpunkt, als ich dieses innerliche Bild wahrnahm, niemals den Mut gehabt, eine Reise in ein solch gefährliches Land anzutreten. Nicht nur, weil ich Angst vorm Fliegen hatte – Reisen war damals generell nicht meine Sache. Ich hatte Bedenken, dabei krank zu werden. Oder in unvorhergesehene Situationen zu gelangen, in denen ich nicht so recht wusste, wie ich damit klar kommen sollte. Meine Urlaube verbrachte ich lieber zu Hause. Schon alleine der Gedanke, in eine Krisenregion zu fahren, löste in mir Schrecken aus. Der Bezug dieser Vision, dieser inneren Bilder und Zeichen zu meinem praktischen Alltag war mir also noch nicht ganz klar geworden. Worauf wollten sie mich hinweisen? Was wollte mir meine Innere Stimme sagen? Vier Jahre später sollte ich es wissen. Ich sollte erkennen, dass diese inneren Zeichen zu den wichtigsten auf meinem Lebensweg zählen.

---

24  vgl. Wilber, Ken: Grace and Grit. Spirituality and Healing in the Life and Death of Treya Killam Wilber. Shambala Publishing. Boston. 2000.

Im November 2006 flog ich zu einem Einsatz mit dem Schweizer Hilfswerk für Afghanische Flüchtlinge (SAA) nach Pakistan, gemeinsam mit dem 85-jährigen Gründer und Leiter dieses Hilfswerks und Linda Roethlisberger. Wir reisten in die Stadt Peshawar. Unser Auftrag war es, Schulen am Fuße des Khyberpasses zu begutachten. Dazu zählte auch, das Bildungsniveau der Schüler und die Unterrichtsmethoden der Lehrer zu inspizieren. Zu diesem Zeitpunkt war das gar kein so leichtes Unterfangen. Pakistan war und ist bekannt als Taliban-Hochburg und Schauplatz für regelmäßige Attentate. Der Vorteil daran war: Die zweifelhaften hygienischen Rahmenbedingungen unserer Reise ließen sich so leichter vergessen. Ich wusste, es würde keine Reise im herkömmlichen Sinn werden und schon gar kein Urlaub. Es als abenteuerlichen Hilfseinsatz in eine der kritischsten Regionen der Erde zu bezeichnen trifft den Nagel schon eher auf den Kopf. Dass daran auch noch etwas spirituell sein kann, lässt sich auf den ersten Blick schwer erkennen. Beim zweiten Hinsehen kann man es schon eher ausmachen: Wenn Sie sich auf ein solches Abenteuer einlassen, brauchen Sie Vertrauen. Tiefes Vertrauen sogar, meine ich, ein tiefes Vertrauen auf so etwas wie eine höhere Führung, auf eine Innere Stimme, die Ihnen die Richtung weist, um genau zum richtigen Zeitpunkt am richtigen Ort zu sein. Wenn Sie dieses Vertrauen in Ihren Polarstern, in Ihre innere Orientierungshilfe verlieren, bekommen Sie es mit der Angst zu tun. Angst, die Skorpione aufzuscheuchen, Angst, zum falschen Zeitpunkt am falschen Ort zu sein. Etwa am Basar, wo gleich eine Bombe hochgeht.

Wie kam es, dass ich mich auf so ein Abenteuer einließ und die Einladung von Linda Roethlisberger annahm, wo ich doch früher Flugangst und keine Lust zu Reisen hatte? Nun, ich hatte vor dieser Reise mehrmals das tiefe Gefühl, dass alles gut gehen würde. Ich hatte das Gefühl, ich könnte mit gutem Gewissen auf diese Reise gehen und würde wieder wohlbehalten zurückkommen. Ob es die Vision war, die ich 4 Jahre zuvor hatte, oder andere Impulse, die ich durch meine Innere Stimme wahrnahm, sie alle wiesen mich Richtung Pakistan. Natürlich lag es letztlich an mir. Ich musste die Entscheidung treffen, ob ich gehen würde oder nicht. Ich musste die Verantwortung dafür übernehmen. Aber ich dachte mir, es wäre doch wunderbar, wenn ich einfach meiner höheren Führung, meiner Inneren Stimme vertrauen würde, wenn ich meine inneren Wahrnehmungen ernst nehme, wenn ich nach Pakistan fliege, um dort wohlüberlegt und „mit Köpfchen" meine Schritte durch diesen Hilfseinsatz zu gehen. Das tat ich und ich war überglücklich, als ich wieder zurückkam. Denn ich merkte, dass diese Reise ein Herzenswunsch war, den ich mir bisher einfach nicht zu erfüllen zutraute. Doch nun konnte er gelebt und erfüllt werden. Ich konnte die Blockaden auf meinem Weg, die mich daran hinderten, überwinden, konnte Werterfüllung finden. Aber die eigentliche Erkenntnis, die ich von dieser Reise mit nach Hause nahm, war etwas ganz anderes. Durch diesen Hilfseinsatz fand ich eine neue Richtung in meinem Leben. Ich lernte viele Menschen kennen, die unter sehr, sehr einfachen Bedingungen lebten. Auch die Klassenzimmer in den Schulen waren so bescheiden eingerichtet, dass es nicht einmal Tische und Bänke gab, nur ein schwarzes Brett, das als Tafel diente und einen großen Teppich, auf den sich die Schüler setzen konnten. Dennoch waren die Wissbegierde und die Freude am Lernen dieser jungen Menschen ungetrübt. Das beeindruckte mich unglaublich. Und durch den Kontakt mit den dortigen Schülern erkannte ich zum ersten Mal in meinem Leben mein Lehrertalent. Ich erkannte, dass es mir Freude machte, wenn ich anderen dabei helfen konnte, sich zu entwickeln. So simpel es klingt, aber von dem Moment an wusste ich: „Ich will Lehrer werden." So fing ich damals an, mich mehr und mehr für Projekte zu engagieren, bei denen es darum ging, Menschen in ihrer Entwicklung zu unterstützen. Der Austausch mit den afghanischen Schülern war für mich ein entscheidendes Erlebnis. Ich befand mich damals kurz vor dem Abschluss meines Studiums. Wo es dann hingehen sollte, wusste ich nicht so recht. Doch durch die Pakistan-Reise fand ich völlig unerwartet eine neue Richtung – eine Richtung, die in meinem Leben absolut Sinn machen sollte. Mit meinem inneren Orientierungssystem konnte ich plötzlich etwas als wertvoll und erstrebenswert erachten, das ich vorher überhaupt nicht kannte. Und ausschlaggebend dafür war, dass ich einerseits auf die Impulse meiner Inneren Stimme hörte, aber andererseits auch, dass ich ihr vertraute, mich auf sie einließ und danach handelte. Metaphorisch ausgedrückt, wies mich mein Polarstern vor der Pakistanreise in Richtung eines Sturms. Aber nicht, weil ich darin untergehen sollte, sondern weil sich hinter dem Sturm etwas befand, was von großem Wert für mich war. Es war so, wie wenn ich plötzlich paradiesisches Neuland sichten würde. Und so ist Unterrichten heute meine hauptberufliche Tätigkeit geworden. Sie bereitet mir nach wie vor große Freude. Von was handelt also dieses Erlebnis? Nun, von inneren Zeichen auf dem Weg zur Glückseligkeit, um es so zu formulieren.

„Ein Mensch hat eine Aufgabe oder eine Vision, die er seinen Möglichkeiten entsprechend zu lösen oder zu erfüllen versucht. Er kennt somit das Ziel, dessen Verwirklichung ihm vorschwebt. Ohne Angst geht der Übende ins innere und äußere Verbalisieren und dann über zum Handeln. Er richtet seine ganze Aufmerksamkeit auf das angestrebte Ziel: Er wird »aktiv-passiv«, das heißt, er denkt und handelt im Glauben daran, dass ihn – im Kontakt mit seiner Inneren Stimme oder in Verbindung mit der Schöpferkraft – eine höhere Instanz oder Weisheit führt. Da er sein Bestes gibt, kann er das Resultat als höchsten Willen annehmen, ohne sich um das Ergebnis zu sorgen. Der Handelnde gibt sich im Kontakt mit seiner inneren Weisheit oder Inspiration seiner höheren Führung hin. Im Augenblick des Handelns lässt er seine innere Führung, auch ES genannt, für einen kurzen Moment los und nimmt achtsam oder intuitiv wahr, wo ES ihn hinführt oder was ihn inspiriert. Das Wahrgenommene erlebt er als magische Kraft der Intuition. Der Handelnde erfährt, ob sich diese in der praktischen Umsetzung im Alltag als treffsichere Intuition oder als Imagination oder Illusion erweist."[25]

---

25 Roethlisberger, Linda: Die Trilogos-PsyQ®Methode. Mit vernetzten Symbolen zur Selbsterkenntnis. Peter Lang Verlag. Frankfurt a. M. 2006. S. 9.

Was Linda Roethlisberger hier als innere Weisheit bezeichnet, hat aber nicht nur einen Bezug zu dem, was die griechischen Philosophen unter Daimonion verstanden. Diese Innere Stimme weist auch starke Ähnlichkeiten mit dem auf, was in der transpersonalen Psychologie unter Höherem Selbst verstanden wird. Die Verbindung zwischen dem Selbst und dem Höheren Selbst hat etwa der Psychologe Roberto Assagioli in seinem berühmten Ei-Modell dargestellt[26]. Assagioli war übrigens ein Zeitgenosse von Sigmund Freud. Auch in C.G. Jungs Psychologie spielt das Höhere Selbst eine zentrale Rolle. Jung war der Ansicht, das Höhere Selbst teile sich durch Träume mit. Wichtige, richtungweisende Traumsymbole seien vom Höheren Selbst inspiriert. Die obige Vision von der Pakistanreise ist ein Beispiel, wie mir mein Höheres Selbst als Orientierungshilfe diente. Die TPM kann somit als Methode gesehen werden, um die innere Kommunikation zwischen einem Menschen und seinem Höheren Selbst zu fördern. Sie können auch sagen, die TPM ist eine Wahrnehmungsschulung, durch die Sie die Hinweisschilder auf Ihrem Individuationsweg erkennen können. Sie lernen dabei sozusagen Ihr Höheres Selbst als inneres GPS nutzen, damit Sie so die in Ihnen angelegten Potenziale mehr und mehr zur Entfaltung bringen und dadurch immer besser „Ihr Paradies auf Erden" finden können. So hat auch Jung das Höhere Selbst verstanden – als eine wegweisende Instanz, die zu einem spricht. Es liegt an Ihnen, ob Sie sie hören wollen[27].

Um körperlich fit zu sein und zu bleiben, müssen Sie regelmäßig Sport treiben. Um den Kanal zum Höheren Selbst, Ihren „sinnlichen Draht zur geistigen Welt", freizulegen und sauber zu halten, müssen Sie regelmäßig seelisch-geistiges Fitnesstraining absolvieren. Übung macht den Meister. So sehe ich das zumindest. Und aus diesem Grund kommt hier die nächste Übung. Mit ihr können Sie die Verbundenheit zum Höchsten (wie Sie das auch immer für sich bezeichnen) und zu Ihrem Höheren Selbst bzw. zu Ihrer Inneren Stimme intensivieren.

---

26  vgl. Gissrau, Barbara: Selbstbilder – Ichbilder. Trilogos Verlag. Zürich. 2008. S. 28.
27  vgl. Gissrau, Barbara: Selbstbilder – Ichbilder. Trilogos Verlag. Zürich. 2008. S. 25f.

## Im Kontakt mit der inneren Stimme[28]

*Ziel dieser Übung ist, daraus Kraft, Orientierung und Inspiration zu empfangen. Manche sagen zu dieser Inneren Stimme nicht nur Höheres Selbst, sondern auch Schutzengel, Krafttier, Geistige/r HelferIn etc. – in vielen Kulturen und zu unterschiedlichen Zeiten findet man ähnliche Analogien dazu. Der Philosoph Sokrates nannte es, wie gesagt, Daimonion, die Stimme seiner inneren Weisheit, seines Gewissens. Auch diese Übung können Sie wieder auf Tonband sprechen, sich einprägen oder von jemand anderem vorlesen lassen. Ganz, wie Sie wollen.*

*Begeben Sie sich in Ihrer Vorstellung wieder in Ihren Raum der Stille und an Ihren Ort der Kraft. Machen Sie dort wieder Ihre persönliche Religio, verbinden Sie sich dort wieder mit dem für Sie Höchsten, mit Gott, mit Allah, dem Kosmos, dem Absoluten etc. Dann laden Sie eine gute Kraft ein, die in bedingungsloser Liebe zu Ihnen kommt, um mit Ihnen in Kontakt zu treten. Sie begrüßen diese gute Kraft herzlich, vielleicht nehmen Sie sie als Geistigen Helfer oder Helferin wahr, vielleicht auch als Schutzengel oder Krafttier, als höheres Selbst, innere Weisheit oder Ihre verstorbene Großmutter. Es kann dabei sein, dass Sie diese gute Kraft nicht sehen, sondern mehr spüren können, dass sie anwesend ist, oder Sie wissen einfach, dass sie da ist. Und wenn Sie sich nicht sicher sind, ob Sie sie nun spüren können, diese gute Kraft, oder nicht ganz wissen, ob sie da ist, dann vertrauen Sie darauf, hoffen und glauben an ihre Anwesenheit. Das mag vielleicht anfangs etwas autosuggestiv wirken, aber mit der Zeit werden Sie merken, wie genau das Ihren SQ und somit den ganzen PsyQ aktiviert. Sollte Ihnen aus irgendeinem Grund Ihr Geistiger Helfer oder Ihr Krafttier nicht behagen, so können Sie jederzeit um jemand anderen bitten. Auch*

---

28 vgl. Roethlisberger, Linda: Im Kontakt mit der inneren Stimme. Bauer Verlag. 1999.

*kann es sein, dass Sie beim Wiederholen der Übung Ihr Höheres Selbst, Ihren Geistiger Helfer, Ihre innere Weisheit usw. immer auf unterschiedliche Weise wahrnehmen. Das ist völlig normal. Denn auch Sie tragen ja nicht immer dieselben Kleider, sondern verändern Ihr Äußeres von Zeit zu Zeit. Ziel dieser Übung ist, dass Sie mehr und mehr in Kontakt kommen können mit Ihrer Inneren Stimme, sie kennenlernen und mehr und mehr darauf vertrauen können, dass sie für Sie da ist. Das kann manchmal ganz schnell gehen, manchmal kann es aber auch eine Weile brauchen und Ihnen damit die wunderbare Möglichkeit bieten, sich in Geduld zu üben.*

*Übrigens gibt es im Arbeitsbuch „Intuition ist erlernbar" von Linda Roethlisberger eine komplette Übung, mit der Sie diese Rückverbindung zum Höheren Selbst in Ihrem Raum der Stille und am Ort der Kraft intensiv trainieren können[29]. Sie trägt auch den gleichnamigen Titel „Raum der Stille – Ort der Kraft".*

*Bei allen Übungen, die ich hier erwähne oder auf die ich hier verweise, handelt es sich um TPM-Übungen für mediales Mentaltraining. D.h., sie basieren auf den wissenschaftlich anerkannten Techniken des Autogenen Trainings und des katathymen Bilderlebens. (Wenn Sie übrigens Übungen, im Moment, da Sie im Text auf sie stoßen, gerade nicht interessieren, sondern sie später nachholen wollen, können Sie sie einstweilen überspringen. Lesen Sie dann einfach dort weiter, wo der normale Fließtext wieder beginnt.)*

Wie ist es Ihnen bei dieser Übung ergangen? Wie haben Sie die Verbindung, das Verbundensein zum Höchsten und zu Ihrem Höheren Selbst bzw. zu Ihrem Geistigen Helfer oder Ihrer Geistigen Helferin erlebt? Was hat Ihre Innere Stimme, Ihr Daimonion, zu Ihnen gesprochen? Welche Impulse haben Sie wahrnehmen können? Denn dies alles wird nun wichtig wer-

---

29  Roethlisberger, Linda: Intuition ist erlernbar. Nutzen Sie die spirituelle Kraft im Alltag. Hugendubel Verlag. 2006.

den, damit Sie die Zeichen auf Ihrem Weg durchs Leben mehr und mehr erkennen können. So lernen Sie sie als Orientierungshilfe und Leitsystem auf Ihrem Individuationsweg zu nutzen. Zum Fährtenleser können Sie sich jetzt entwickeln. Wie funktioniert das aber jetzt mit diesen Zeichen und Symbolen?

# Fremdsprachen und Symbolsprachen

## Vom Indianer und seiner Friedenspfeife

*„Ich halte die Symbolsprache für die einzige Fremdsprache, die jeder von uns lernen sollte. Wenn wir sie verstehen, [...] lernen wir die tieferen Schichten unserer eigenen Persönlichkeit kennen."*[30]

ERICH FROMM

Erich Fromm meint, die Symbolsprache sei die wichtigste Fremdsprache der Welt. Warum wohl? Vielleicht, weil sie universal ist und für jeden in Kürze erlernbar? Dabei haben Sie vielleicht noch nie etwas über diese Symbolsprache gehört. Und doch ist sie eine Sprache, die wir Menschen ständig verwenden, meist unbewusst. Sie ist ein wichtiges Werkzeug beim Deuten unserer Traumsymbole und daher ein zentrales Instrument bei der Trilogos-PsyQ-Methode. Wenn Sie etwa träumen, in einem Auto zu sitzen und Vollgas zu geben und dennoch nicht vom Fleck kommen – was hat dieser Traum dann mit Ihnen und Ihrem Alltag zu tun? Befinden Sie sich gerade in einer Situation, in der Sie alles geben und trotzdem das Gefühl haben, nicht weiterzukommen? Und hier beginnen Sie symbolisch mit sich selbst zu kommunizieren und Bezüge zu Ihrem realen Leben herzustellen. Sie beginnen Ihre Symbolsprache zu verwenden und sie sinnvoll zu nutzen, indem Sie assoziativ und kreativ mit den Bildern Ihres Traumes umgehen. Sie beginnen Ihr Leben und das, was darin passiert, symbolisch

---

30 Fromm, Erich: Märchen, Mythen, Träume. Rowolt Verlag. Hamburg. 1981. S. 987.

zu betrachten. Ist vielleicht Ihre verschnupfte Nase nicht nur Ergebnis einer Erkältung? Haben Sie vielleicht auch noch von etwas ganz anderem die Nase voll? Z.B. von Ihrer Nachbarin, die Tag und Nacht Krach in ihrer Wohnung macht und Sie mit ihrem Lärm belästigt? Was hat das wohl mit Ihnen zu tun? Wenn Sie beginnen, die Welt aus einer symbolischen Perspektive zu betrachten, tun Sie damit den ersten Schritt in eine neue Realität, in eine multidimensionale Wirklichkeit. Um Ihnen das näher zu erklären, ist es wahrscheinlich am besten, wenn Sie folgende Übung machen, denn daran lässt sich leichter aufzeigen, wie Sie die Symbolsprache als wert- und sinnvolles Navigationsinstrument auf Ihrem Lebensweg nutzen können.

## Symbolisch kommunizieren lernen

*Sehen wir uns das mal genauer an. Wie können wir lernen, die Zeichen zu erkennen, die uns in unserem Leben zu Sinnfindung und Werterfüllung führen? Wie funktioniert das mit unserem individuellen Leitsystem? Wir werden es gleich sehen: Erinnern Sie sich an das, was Sie heute Nacht geträumt haben? Wenn ja, dann schreiben Sie es auf, beschreiben Sie die Szenen, die Sie erlebt haben, die Menschen, die Sie getroffen haben, oder die Gefühle, die für Sie dabei spürbar waren. Sollten Sie sich nicht mehr erinnern, was Sie heute Nacht geträumt haben, dann machen Sie Folgendes: Drehen Sie sich genau dort, wo Sie jetzt stehen oder sitzen, um 180° um. Was erblicken Sie, was fällt Ihnen ins Auge? Ob eine Tasche, ein Kieselstein, ein bestimmter Farbimpuls, ein Mensch, ein Gebäude, egal, was es ist und wie unscheinbar es auch immer wirken mag, notieren Sie, was für Sie gerade wahrnehmbar wurde. Nachdem Sie Ihren Traum oder das, was Sie gerade hinter sich entdeckt haben, aufgeschrieben haben, machen Sie Folgendes: Beginnen Sie zu dem, was auf Ihrem Zettel steht, Assoziationen zu machen. Wenn Sie z.B. von einer Hütte in den Bergen geträumt haben, was kommt Ihnen dazu in den Sinn? Vielleicht Natür-*

*lichkeit, Entspannung, einfaches Leben, Rückzug, Bergluft, Kraft. Oder etwas ganz anderes? Was es auch immer ist, schreiben Sie es auf. Dasselbe machen Sie auch, wenn Sie nichts geträumt haben, dafür aber hinter Ihnen etwas entdeckten, z.B. eine Sporttasche. Was fällt Ihnen dazu ein? Eventuell Fitness, Ausdauer, regelmäßiges Training, Freizeit, Gesundheit, „Übung macht den Meister". Schreiben Sie auch hier alle Ihre Ideen dazu auf. Nachdem Sie das erledigt haben, schauen Sie sich Ihre Assoziationen an: Was könnten diese denn auch mit Ihnen zu tun haben? Sollten Sie vielleicht nicht nur körperliche Fitness betreiben, sondern auch geistige? Oder ist in Ihrer momentanen beruflichen Situation gerade Ausdauer gefragt? Gibt es einen Bereich in Ihrem Leben, in dem Sie noch vieles lernen können und wo Sie der Satz „Übung macht den Meister" motiviert, nicht aufzugeben? Was es auch immer ist, was Sie assoziiert haben, fragen Sie sich, was dies mit Ihnen und Ihrem Alltag zu tun haben könnte. Werden Ihnen dadurch neue Erkenntnisse zuteil oder Altbekanntes wieder neu bewusst? Können Sie durch diesen Brückenschlag zwischen Ihren Symbolen und Ihrem Alltag konkrete Umsetzungs- und Veränderungsschritte ableiten? Sollten Sie vielleicht für ein paar Tage alleine in die Berge gehen, sich zurückziehen und entspannen? Oder sollten Sie an Ihrer Geduld und mentalen Ausdauer zu arbeiten beginnen? Was es auch immer ist, was Ihnen nun gewahr geworden ist, nehmen Sie es ernst und versuchen Sie danach zu handeln. Denn dies können die ersten Hinweisschilder auf dem Weg zu Ihrer Individuation und Werterfüllung, Ihrer Eudaimonia sein. Aus diesem Grund ist diese Form des symbolischen Kommunizierens essentieller Bestandteil der TPM. Denn durch sie kann jeder unabhängig und eigenständig Selbstreflexion betreiben und Impulse zur persönlichen Entwicklung erarbeiten. Linda Roethlisberger meint dazu:*

> „Symbolische Kommunikation im trilogischen Sinn bedeutet freies Assoziieren und individuelle Auseinandersetzung mit den Symbolen, die wir während einer Fantasiereise wahrnehmen. Das Interpretieren der Symbole – ich nenne das Symbolsprache – kann wie die Muttersprache erlernt

werden. Symbole auf dem inneren Weg werden so immer schneller intuitiv erfasst und deren Deutung in den Alltag einbezogen, denn meistens teilen sich uns in ihnen wichtige Dinge mit – sie fungieren fast so wie praktische Lebensschullehrer und werden oft erst in der Umsetzung im Alltag verstanden."[31]

Dieses symbolische Training können Sie jeden Tag aufs Neue machen. Gut wäre es, wenn Sie beginnen ein eigenes Traumtagebuch zu schreiben. Aber nicht nur an Ihre Träume, auch an das, was Sie in Ihrem Alltag erleben, was Sie beschäftigt, können Sie die Frage stellen „Was hat das, was mir da widerfährt, auch mit mir zu tun?": Was könnte der griesgrämige Chef, dem Sie jeden Tag begegnen, auch mit Ihnen zu tun haben? Was Ihre Freunde, die Ihnen immer in letzter Minute ein schon lange vereinbartes Treffen absagen? Was möchte Ihnen das sagen? Hier beginnt Ihre Traum- und Umwelt mit Ihnen auf symbolische Weise zu kommunizieren. Sie hält Ihnen den Spiegel vor. Auf was weist diese hin? Um darauf noch mehr Ideen und mögliche Antworten zu erhalten, können Sie auch Ihre Freunde oder Bekannten fragen. Welche Assoziationen haben sie zu Ihrem Symbol? Vielleicht kommen Sie dadurch noch auf eine völlig neue Spur der Interpretation. Vergessen Sie dabei nicht den Trilogos-Leitsatz: „Es gibt so viele Interpretationen der Wahrheit wie Menschen."[32] Denn ein Symbol muss nicht nur immer eine richtige Interpretation haben. Es kann viele wertvolle geben. Wenn Sie beginnen, Ihr Leben aus einer symbolischen Perspektive zu betrachten, werden Sie bald merken, wie sich eine neue Welt für Sie auftut, die im wahrsten Sinne des Wortes bedeutungs-voll ist und darauf wartet, von Ihnen entdeckt und gelebt zu werden. Sie betreten eine neue Wirklichkeit, in der die Wertigkeiten anders gesetzt sind. Ihre innere Traumwelt steht plötzlich in Bezug zu dem, was Ihnen im Außen,

---

31 Roethlisberger, Linda: Die Trilogos-PsyQ®Methode. Mit vernetzten Symbolen zur Selbsterkenntnis. Peter Lang Verlag. Frankfurt a. M. 2006. S. 38.
32 Roethlisberger, Linda: Die Trilogos-PsyQ®Methode. Mit vernetzten Symbolen zur Selbsterkenntnis. Peter Lang Verlag. Frankfurt a. M. 2006. S. 68.

in Ihrer Umwelt widerfährt. Die Inspirationen und Geistesblitze aus dem „oberen Stock" können auf einmal ihren Ausdruck in den Niederungen Ihres alltäglichen Handelns finden. Sie befinden sich an der Schwelle zu einer multidimensionalen, integralen Wirklichkeit. Und Sie entscheiden, ob Sie eintreten wollen.

Wie war dieses symbolische Kommunikationstraining für Sie? Ist doch einfach, oder? Wie Sie sich vielleicht denken können, hat dieser Ansatz seine Ursprünge in der Traumanalyse von Sigmund Freud. Aber auch seine Schüler, wie etwa C.G. Jung, haben äußerst Wertvolles dazu beigetragen. Sich über Bilder und Symbole mitzuteilen und auszutauschen ist fast schon so alt ist wie die Menschheit selbst. Sogenannte Bilderreisen, wie etwa die oben ausgeführten Übungen, werden in Fachkreisen auch als „katathymes Bilderleben" oder „Visualisierungen" bezeichnet. Unterschiedliche Formen davon finden sich in sämtlichen religiösen und spirituellen Traditionen[33]. Im psychologischen Bereich werden sie heute vorwiegend für therapeutische Zwecke genutzt. Bei der TPM werden sie als Werkzeug für die persönliche Individuation, zur Entfaltung des individuellen PsyQ eingesetzt, genauso wie zum Intuitionstraining und dadurch zur Supervision der eigenen Selbsteinschätzung – also zur Selbsterziehung zur inneren Reife. Durch TPM-Bilderreisen können Zeichen und Symbole erarbeitet werden, die als inspirierende, geistige Hinweisschilder dienen. Durch sie können wir uns unserer Möglichkeiten und Potenziale gewahr werden. Anhand dieser können wir uns entscheiden, in welche Richtung in unserem Leben wir weiterwandern wollen. Das höhere Selbst, das Daimonion, spielt dabei – genauso wie bei Jung und Assagioli[34] – eine wichtige, symbolische Rolle. Es wird in all diesen Konzeptionen als eine Instanz verstanden, die das Ich eines Menschen in seinem Handeln in Form von symbolischen Impulsen

---

33 Utay, Joe and Miller, Megan: Guided imagery as an effective therapeutic technique: a brief review of its history and efficacy research. In: Journal of Instructional Psychology , March, 2006.
34 vgl. Gissrau, Barbara: Selbstbilder – Ichbilder. Trilogos Verlag. Zürich. 2008. S. 28.

inspiriert. Wie das genau funktioniert, können Sie sich anhand folgender Analogie vorstellen: Ein Pilot steuert ein Flugzeug über den Atlantik. Er befindet sich auf dem Weg von Paris nach New York. Wie das Wetter auf dem JFK Airport sein wird, hat er noch nicht genau erfahren. Auch weiß er noch nicht, ob es dort zum Zeitpunkt seiner Landung hohes Flugaufkommen geben wird. Denn das würde heißen, dass er eventuell ein paar Extrarunden drehen muss, ehe er einen sogenannten Timeslot, ein Zeitfenster zum Landen, bekommt. Die entsprechenden Informationen erhält er vor der Landung vom Tower. Dieser meldet hohes Verkehrsaufkommen und starken Bodennebel. Da unter solchen Bedingungen die Landungen in größerem Abstand gestaffelt werden müssen, ist ein Timeslot erst 2 Stunden nach der planmäßigen Ankunft abzusehen. Das sind die Infos, die der Pilot per Funk erhält und mit denen er nun zu kalkulieren beginnen muss. Da auf dem Transatlantikflug konstant starker Gegenwind vorhanden war, ist ein Großteil des Treibstoffs schon aufgebraucht. Ist eine Warteschleife von 2 Stunden noch drin oder muss der Pilot um eine Außenlandung am nahegelegenen Newark Airport ansuchen? Und wie groß darf die Warteschleife sein, um wieder rechtzeitig zurück zur Landung am JFK zu sein? Das alles muss nun der Pilot in seine Entscheidungen mit einbeziehen. Das macht nicht der Tower. Der Pilot muss dafür die Verantwortung übernehmen, auch wenn er als Unterstützung die Informationen per Funk vom Tower erhält. Dieses Verhältnis zwischen Pilot und Tower, die über Funk miteinander verbunden sind, können Sie nun übertragen auf sich und Ihr Höheres Selbst. Es entspricht in metaphorischer Weise jener Vorstellung, die Jung & Co von dieser Beziehung gehabt haben. Was heißt das nun konkret? Das heißt, Sie sind der Pilot Ihres Privatjets, Sie sind verantwortlich für Ihr Leben. Ihr Zielflughafen ist Glückseligkeit. Denn jeder Mensch auf diesem Planeten strebt auf die eine oder andere Weise nach dem Wahren, dem Schönen und dem Guten[35]. Ihr Höheres Selbst ist der Tower, von dem Sie via Funk Informationen erhalten, wie Sie am besten dorthin kommen. Allerdings

---

35  Wilber, Ken: Das Wahre, Schöne, Gute. Geist und Kultur im 3. Jahrtausend. Fischer Taschenbuch Verlag. Frankfurt am Main. 2002.

sind die Funksprüche des Höheren Selbst – wie die im realen Flugverkehr auch – verschlüsselt. Und wie ein Pilot die entsprechenden Codes der Funkersprache lernen muss, können Sie die Symbolsprache lernen. Auf diese Weise können Sie die symbolische Kommunikation mit Ihrem Höheren Selbst verbessern. Aber eines bleibt dennoch wichtig. Ihr Höheres Selbst kann Ihnen die Koordinaten für den Landeanflug geben. Es kann Ihnen Hinweisschilder auf Ihrem Weg aufstellen. Ihr Daimonion kann Ihnen Wetterwarnungen durchfunken. Aber landen müssen Sie Ihren Jet noch immer selbst, genauso, wie Sie auch Ihren Weg selber gehen müssen. Und wie Sie das machen – ob auf Umwegen oder mit Abkürzungen – bleibt einzig und allein Ihnen überlassen. Sie haben die Entscheidung zu treffen und die volle Verantwortung zu tragen, wie auch jeder Pilot auf einem Linienflug.

Das war, wie gesagt, eine metaphorische Darstellung der Beziehung zwischen dem Ich und dem Höheren Selbst. Mehr über diese Beziehung findet sich in den wissenschaftlich fundierten Ansätzen von Jung, Assagoli und einigen anderen Vertretern der transpersonalen Psychologie.

Auch die TPM baut auf dieser – hier sehr bildlich dargestellten Beziehung – zwischen dem Ich und dem Höheren Selbst auf, allerdings mit dem wesentlichen Unterschied, dass Symbole bei der TPM keine fixen Bedeutungen haben. Freud und teilweise auch Jung glaubten das nämlich noch. Die Bedeutungen ergeben sich bei der TPM situativ, d.h. entsprechend der Situation, in der sich ein Mensch gerade befindet. Letzterer lernt mittels der TPM also intuitiv, eindeutig, unmissverständlich, klar und wahr sich für seine Deutung und Bezugnahme zum anderen zu entscheiden – in voller Selbstverantwortung. Das heißt, ein rotes Herz muss also nicht gleich immer etwas mit Liebe zu tun haben. Es gibt noch einen weiteren wichtigen Unterschied bei der TPM zu anderen transpersonalen Ansätzen. Sie setzt nämlich die symbolische Kommunikation nicht nur in Bezug zur eigenen Psyche und zum Höheren Selbst. Sie bringt sie auch in Bezug zu anderen transpersonalen Bewusstseinsebenen. Mit der TPM können Sie also nicht nur Funksprüche vom Tower empfangen. Auch von anderen Sendestationen können Sie Informationen erhalten, die Ihnen auf Ihrem Kurs durchs Leben dienlich und für Ihre persönliche Entwicklung hilfreich sein können. So wie Ihnen ein Freund einen guten Rat geben kann, kann Ihnen auch von transpersonalen Bewusstseinsebenen ein Wink in eine bestimmte Richtung gegeben werden. Was das genau bedeutet, werden wir später noch genauer erfahren. Einstweilen widmen wir uns noch ausführlicher der symbolischen Kommunikation, also der Funkersprache für den Alltag. Sehen wir uns an, wie diese Art der Kommunikation bei der TPM zur Anwendung kommt. Sehen wir uns an, was sie dort bei der Entfaltung Ihres kreativ-schöpferischen Potenzials, Ihres PsyQ, bewirken kann. Und werfen wir einen Blick darauf, wie sie Ihnen beim Erlangen von Glückseligkeit behilflich ist.

> „Mit dem Trilogos-PsyQ-Training bekommt der Übende ein praktisches Werkzeug zur Selbsterziehung an die Hand, das keiner Hilfsmittel von außen bedarf. Einzig und allein seine lebendige Phantasie (innere Bilder, Symbole, Imagination, Intuition und Inspiration) in Verbindung mit seinen Erfahrungen und seinem angeeigneten Wissen kann ihm – ausgelöst durch Visualisierungen und Bilderreisen – helfen, den oft mühsamen Weg zur Eigenständigkeit zu gehen. Er entwickelt sein eigenes Leitbild und wird dadurch zum Vorbild."[36]

Damit Sie sich bildlich vorstellen können, was mit diesem Zitat gemeint ist, erzähle ich kurz folgendes Schlüsselerlebnis: Ich nahm während einer TPM-Bilderreise das Symbol eines Indianers wahr. Bei näherem Hinsehen konnte ich erkennen, dass er ungewaschen war und seine Kleider abgetragen. Er hatte einen unangenehmen Körpergeruch, von Alkohol durchzogen. Der Indianer rauchte eine Friedenspfeife. Er sprach vom Weltfrieden und betrachtete sich selbst als Friedensbotschafter. Die Pfeife war mit Opiaten

---

[36] Roethlisberger, Linda: Die Trilogos-PsyQ®Methode. Mit vernetzten Symbolen zur Selbsterkenntnis. Peter Lang Verlag. Frankfurt a. M. 2006. S. 37.

gestopft. Außer klug über den Weltfrieden zu reden, konnte der Indianer nicht viel. Die Wirkung der Pfeife stieg ihm in den Kopf. In seinem Zustand konnte er nur gekrümmt sitzen, nicht mehr gehen, geschweige denn irgendetwas unternehmen, um einen Beitrag zum Weltfrieden zu leisten. Kurz: Die Haltung des Indianers war für mich im wahrsten Sinne des Wortes sehr unaufrichtig. Er redete etwas anderes, als er tatsächlich tat. Sein Ethos war nicht authentisch und integer. Die Idee, dass ein Mensch wie dieser der Leiter einer Friedensorganisation werden sollte, war für mich nicht vorstellbar, außer, sie möchte zum Scheitern verurteilt sein.

„Was hat das, was ich da wahrnehme, was hat dieser Indianer mit mir zu tun?" Das war die entscheidende Frage im Anschluss an diese Bilderreise. Irgendetwas musste er ja auch mit mir zu tun haben, denn *ich* hatte den Indianer ja erträumt. Welchen Funkspruch hatte mir mein Höheres Selbst hier ins Ohr geflüstert? Was konnte ich da an mir erkennen, wenn ich mir das Bild des Indianers als Spiegel vorhielt? Welche Selbsterkenntnisse und Bezüge zu mir und meinem Alltag wurden mir da offenbar? Was assoziierten die anderen Übungsteilnehmer dazu? Welche Ideen kamen ihnen dazu in den Sinn? „Unverbindlichkeit", „mangelnde Authentizität", „Überheblichkeit", um nur einige zu nennen, wurden mir da als Assoziationen „überreicht". Die Botschaften dieses Bildes wurden mir so bald zuteil. Ich lebte damals ein sehr unverbindliches Leben. Meine Verlässlichkeit anderen gegenüber ließ ziemlich zu wünschen übrig. Meine Haltung glich verblüffenderweise sehr der des Indianers. Ich redete gern über den Weltfrieden und den notwendigen Respekt zwischen den Erdenbürgern. Auch redete ich darüber, wie dies alles realisierbar wäre. Aber bewusste Aktionen in diese Richtung setzte ich nicht. Nein, ich war sogar sehr verantwortungs- und rücksichtslos, wenn es um den gebührenden Respekt anderen gegenüber ging. Z.B. teilte ich mit anderen einen Musikproberaum. Wiederholt verwendete ich dort Instrumente von anderen Kollegen, während sie nicht anwesend waren, obwohl mir das streng untersagt war und ich immer hoch und heilig versprach, es nicht wieder zu tun. Im Übrigen hatte ich es auch nicht gerne, wenn jemand meine Gitarren und Verstärker, ohne zu fragen, „ausborgte". Durch das Bild des Indianers wurden mir mein Verhalten und meine (fehlende) ethische Haltung schlagartig bewusst. Ich habe sozusagen durch diese Bilderreise erfahren, erspürt und erkannt, was es heißt, unglaubwürdig, unzuverlässig und unverbindlich zu sein. Und letztlich hängt aus meiner jetzigen Sicht ein gelungenes Miteinander genau von diesen ethischen „Kleinigkeiten" ab. Ethos im Alltag ist gefragt. Zu erkennen und sich einzugestehen, dass es der eigenen Haltung stark an Integrität mangelt, fällt natürlich nicht leicht. Es bedarf dazu radikaler Selbstverantwortung. Und wir müssen uns sicher auch Fehler erlauben dürfen, im Sinne von „Fehler machen und daraus lernen ist erwünscht und not-wendig", wie ein anderer Trilogos-Leitsatz lautet. Denn daraus können wir lernen, immer wieder neu intuitiv zu erkennen, zu benennen, also mit Hilfe unseres PsyQ, unseres inneren Polarsterns unseren Kurs zu korrigieren. An manchen Tagen ist der Himmel bedeckt, da kann es passieren, dass man von der geplanten Route abkommt. Aber nach einiger Zeit wird gewiss der klare Sternenhimmel wieder zum Vorschein kommen. Sie erkennen nicht nur instinktiv, sondern intuitiv die richtige Richtung wieder, können Ihr Schiff wenden. Das ist Navigationskunst im praktischen Alltag. Und es ist eine gute Übung, sich in Geduld und Disziplin zu üben.

> „Mit der trilogischen PsyQ®Schulung werden die ureigensten Wahrheiten erkannt. Die eigenen Wahrheiten (Gedanken und ihr Ursprung – Glaubenssätze, Überzeugungen, Traumata, Projektionen etc.), die aktuelle Lebenssituation, aber auch die Chancen werden bewusst und die Erkenntnisse können im Alltag genutzt werden."[37]

Beziehen wir die oben ausgeführte Bilderreise auf dieses Zitat, so habe ich dadurch einen Teil meiner Wahrheit mehr und mehr erahnt. Auf eigenartige Weise ist ein Traum wahr geworden. Ich habe gemerkt, ich muss mehr in

---

37  siehe: http://www.trilogos.ch/schulung/ziel.html

Bewegung kommen, wenn ich zu einer mehr authentischen und ethischen Haltung in meinem Leben kommen möchte. Große Worte und theoretische Erkenntnisse allein reichen nicht aus. Aus dieser Bilderreise wurden mir Chancen für meine persönliche Entwicklung offenbar. Die habe ich dann ergriffen und als Konsequenz daraus mehr auf mein Auftreten geschaut („Vertrete ich im Außen wirklich das, was ich in meinem Inneren denke?"). Ich habe intensiver darauf geachtet, was ich vor anderen Menschen erzähle und wie im Vergleich dazu mein Handeln aussah. Durch das Symbol des Indianers motiviert, konnte ich meine Authentizität, meine Aufrichtigkeit, Verantwortung und Verbindlichkeit trainieren, d.h., meine ethische Haltung, mein Ethos im Alltag, „aus dem Dreck ziehen" und es transformieren. Mir wurde dabei zum ersten Mal die Bedeutung des Trilogos-Leitsatzes „Im Kleinen liegt das Große" bewusst. Denn erst, wenn ich es schaffen würde, im Kleinen eine aufrichtige, verantwortungsbewusste Haltung einzunehmen, würde mir dies auch im Großen gelingen. So wie der Indianer zuerst in seinem Alltag etwas verändern müsste, um überhaupt den Weg zu finden, der ihn in einen Transformationsprozess führt, damit er – vielleicht auch erst in ferner Zukunft – erfolgreicher Leiter einer Friedensorganisation werden kann. Und genau in diesem Sinn habe ich auch den Nutzen dieser Bilderreise verstanden. Sie war ein Impuls, der die Nadel meines inneren Kompasses ausschlagen und in eine ganz bestimmte Richtung zeigen ließ, nämlich in Richtung meines Individuationsweges, auf dem ich mein in mir angelegtes Potenzial mehr und mehr zur Entfaltung bringen konnte. Wollte ich diesen Weg gehen, so hieß dies, mich auf einen Persönlichkeits- und Bewusstseinsentwicklungsprozess einzulassen, der Zeit braucht. Es hieß nicht gleich, zum neuen Friedensapostel zu werden. „Ziel der trilogischen PsyQ®Schulung ist die unabhängige Selbsterziehung auf dem Individuationsweg. Dank Intuitionstraining und Überprüfung der eigenen Wahrnehmungen in Bezug zu verschiedenen Bewusstseinsebenen und Verknüpfungen zum praktischen Alltag wird jeder sein eigener Supervisor. So wird das eigene menschliche Potential bewusst gelebt und das Leben wird überzeugt und in voller Eigenverantwortung selber in die

Hand genommen. Immer ist der Individuationsweg im und für das Kollektiv das Ziel."[38]

Das Ziel der TPM ist also einerseits das Erlangen von Glückseligkeit, im Sinne seiner eigenen Individuation. Andererseits zielt es auch darauf ab, Ethik im Kollektiv, in der Gemeinschaft leben zu lernen. Spannend daran finde ich, dass sich hier das Erfahren von Glückseligkeit und das ethische Leben gegenseitig bedingen. Beides ist möglich. Wir finden diese Kombination von seelischem Wohlbefinden, sprich Glückseligkeit, und einer tugendhaften, ethischen Lebensweise schon bei Aristoteles[39]. Der tugendhafte Mensch wird Eudaimonia, seelisches Wohlbefinden, erlangen. Durch die Entfaltung seiner Potenziale (wie etwa Tapferkeit, Gerechtigkeit, Mäßigung, Weisheit, aber auch Achtsamkeit, Mitgefühl, Hoffnung, Besonnenheit, Ausdauer und vielem mehr, wie Aristoteles es nennt) kann der Mensch aber nicht nur seinen Seelenfrieden finden. Er wird auch automatisch anderen dabei helfen, ihm dies gleich zu tun, weil er eben tugendhaft ist, meint Aristoteles[40]. In einem viel beachteten Artikel, der Anfang der achtziger Jahre des vergangenen Jahrhunderts erschien, nennt Bandura vier wesentliche Faktoren, die menschliches Verhalten beeinflussen – Vorbildwirkung anderer ist eine davon[41].

Die TPM ist eine Methode, die dieselben Ziele verfolgt wie früher schon Aristoteles. Durch sie sollen menschliche Potenziale (PsyQ) entfaltet und Tugenden entwickelt werden können. Doch ist dafür keine komplizierte Theorie notwendig. Im Gegenteil: Bei der TPM geht es um exemplarischen Unterricht – Learning by doing. Ich erträume mir dabei im wahrsten Sinne

---

38  siehe: http://www.trilogos.ch/schulung/ziel.html
39  vgl. Aristoteles: Nikomachische Ethik. Rowohlt. Reinbek. 2006.
40  vgl. Zwick, Elisabeth: Spiegel der Zeit – Grundkurs Historische Pädagogik I. LIT Verlag. Berlin-Hamburg-Münster. 2004. S. 49.
41  vgl. Bandura, Albert: Self-Efficay: Toward a Unifying Theory of Behavioral Change. In: Baumeister, Roy F.: The self in social psychology. Psychology Press. Philadelphia. 1999. S. 285 – 298.

des Wortes Impulse für meine persönliche ethische Entwicklung. *User-Generated-Ethics* könnten wir sagen, zu Deutsch so viel wie *anwender-generierte Ethik*. Dadurch rückt das schlichte und einfache Tun oder Lassen im praktischen Alltag in das Rampenlicht. Es ist kein Vorwissen oder eine intellektuelle Ausbildung dazu notwendig. Die praktische Lebensschule in Bezug zur eigenen Phantasie und Vorstellungsgabe sowie die bereits gemachten Erfahrungen dienen als beste Basis. Es braucht keine äußerlichen Hilfsmittel. Denn dies ist auch ein Ziel der TPM – „frei und unabhängig von jeglichen äußerlichen Hilfsmitteln die Symbolische Kommunikation zu entdecken; [und] neue Wege der Kommunikation, Interaktion und Problemlösung zu entwickeln"[42]. Ich kann mich selbst erziehen. Ein einfaches, intuitiv wahrgenommenes, emotional spürbares Bild während einer Bilderreise motivierte mich mehr, an mir zu arbeiten, als das Wälzen von philosophischer, psychologischer oder theologischer Lektüre. Das Einzige, was wichtig wird, ist, sich auf das Wahrgenommene einer Bilderreise oder eines Traumes voll und ganz einzulassen, seiner höheren Führung, seinem Daimonion, zu vertrauen, dass einem genau das zufällt, was gerade richtig und wichtig ist. Dadurch lässt sich die eigene Symbolsprache in Bezug auf den Alltag und auf dessen Spiegelung Schritt für Schritt besser kennenlernen. Die ganz persönliche Landkarte wird entdeckt, der eigene Weg zur Weisheit wird Schritt für Schritt gefunden. Was könnte also Ihr Traum von letzter Nacht mit Ihnen zu tun haben? Erkennen Sie da etwas?

Die Bilderreise mit dem Indianer brachte mir die Botschaft, ich solle mich mehr damit auseinandersetzen, wie ich Ethik lebe. Ich habe mich nach diesem Funkspruch orientiert. Das war vor sechs Jahren. Und heute? Heute bin ich im Bereich Ethik sogar beruflich tätig. Ich halte Vorträge und Lehrveranstaltungen zu diesem Thema an verschiedensten Bildungseinrichtungen. Dabei hatte ich das lange Zeit nicht bewusst angestrebt. Nach dieser Bilderreise wollte ich zwar mein Ethos, meine Haltung im Alltag verbessern.

---

42 Roethlisberger, Linda: Die Trilogos-PsyQ®Methode. Mit vernetzten Symbolen zur Selbstkenntnis. Peter Lang Verlag. Frankfurt a. M. 2006. S. 33.

Aber Ethik zu unterrichten kam mir dabei nicht in den Sinn. Erst durch meine Pakistanreise ist mir meine Freude am Lehren bewusst geworden. Doch selbst da war ich noch weit davon entfernt, Ethik zu unterrichten. Diese berufliche Tätigkeit ist mir erst zwei Jahre später sprichwörtlich *zugefallen*. Und heute ist es eine der zentralen Aufgaben in meinem Leben geworden. Ich möchte sie nicht mehr wegdenken und bin glücklich damit. Schon komisch – oder sonnenklar? Hat mich mein Tower in die richtige – „meine" – Richtung navigiert?

Nun, ich hoffe, Ihnen damit einen ersten Eindruck über Symbolische Kommunikation und die Symbolsprache – die durch praktische Anwendung der TPM für alle erlernbar ist – geben zu können, genauso auch einen ersten Einblick in die Begrifflichkeiten der TPM. Vielleicht fühlen Sie sich jetzt motiviert, ein Traumtagebuch zu schreiben. Sie erhalten dann ja jeden Morgen automatisch neuen Stoff für Ihr Buch und neue Bezüge, Perspektiven und Handlungsimpulse für Ihren Alltag. Aber vielleicht haben Sie traumlose Nächte. Sie können dann die Seiten füllen mit den Erlebnissen Ihres Alltags. Schreiben Sie sie auf und fragen Sie sich, was diese mit Ihnen zu tun haben könnten. Was sehen Sie in ihnen? Was erzählen Ihnen die Zeichen auf Ihrem Weg über Sie, wenn Sie in sie als Spiegel zur Selbstreflexion blicken? Auf welche Spuren und Zeichen auf Ihrem Pfad wirft Ihr PsyQ, Ihr innerer Polarstern sein Licht? Es könnte sein, dass Sie dadurch einiges in Ihrem Leben anders zu sehen und zu beurteilen beginnen. Eine Veränderung Ihrer persönlichen Realität wäre die Folge:

> „Der Mensch [...] schafft sich durch sein Wahrnehmen, Denken und Handeln seine eigene Welt in der Welt. Er schafft sich seine eigene Realität mit seiner subjektiven Ausdeutung der Wirklichkeit. Da er dies tut, wird er zum Schmied seines Glücks, seines Schicksals."[43]

---

43 Roethlisberger, Linda: Die Trilogos-PsyQ®Methode. Peter Lang Verlag. Frankfurt a. M. 2006. S. 11.

# Globale Ethik und geglücktes Leben

## Von Emma und ihrer Harmonika

*„Auf der Ebene der Nationen und Religionen kann nur praktiziert werden, was auf der Ebene der persönlichen und familiären Beziehungen bereits gelebt wird."*[44]

HANS KÜNG

Was das Weltethos ist, wissen Sie vielleicht. Es enthält globale ethische Standards, die sich in allen großen philosophischen und religiösen Traditionen finden. Diese lauten:

A) Jeder Mensch soll menschlich behandelt werden.
B) Tu anderen nicht, was du nicht willst, dass sie dir tun (Goldene Regel).
1) Hab Ehrfurcht vor dem Leben! (Für eine Kultur der Gewaltlosigkeit und der Achtung vor dem Leben)
2) Handle gerecht und fair! (Für eine Kultur der Solidarität und eine gerechte Wirtschaftsordnung)
3) Rede und handle wahrhaftig! (Für eine Kultur der Toleranz und ein Leben in Wahrhaftigkeit)
4) Achtet und liebet einander! (Für eine Kultur der Gleichberechtigung und Partnerschaft)[45]

---

44 Küng, Hans (Hrsg.): Dokumentation zum Weltethos. Serie Piper. München. 2002. S. 34.
45 Küng, Hans (Hrsg.): Dokumentation zum Weltethos. Serie Piper. München. 2002.

Es scheint heute, als ob eine gemeinsame ethische Basis wie die des Weltethos für das Gelingen einer Globalisierung unabdingbar sei. Aber warum sollten wir danach leben? Was motiviert uns zum ethischen Handeln? Was hält etwa einen Schüler zum ethischen Handeln an, wenn ihn ständig seine Klassenkameraden hänseln und verprügeln? Warum sollte er nicht zurückschlagen? Wäre es nicht geradezu verständlich, wenn ihm eines Tages die Geduld ausgeht? Und wenn er in einem völlig unerwarteten Moment seine Mitschüler mit roher Gewalt attackiert? Oder wäre es besser, er würde ständig diese Aggressionen unterdrücken? Allerdings mit der Gefahr, dass sie irgendwann einmal später gegenüber seinen eigenen Kindern oder in Form einer Krankheit zum Ausdruck kommen? Sicher nicht. Und was ist mit dem Arbeitskollegen, der ständig von allen gemobbt wird? Würde es wundern, wenn er dann wiederum seine Aggression weitergibt? Würde es wundern, wenn er seine Untergebenen mit Füßen tritt? Vielleicht vergeht er sich auch nicht an seinen Untergebenen, sondern tritt stattdessen einer rassistischen Partei bei. Aktiv engagiert hat er dort Gelegenheit, andere Menschen zu diskriminieren. Das alles finden wir nicht ethisch. Und doch können wir bis zu einem gewissen Grad nachvollziehen, weshalb es passiert. Es ist nicht vernünftig, aber logisch. Erfahrenes Unrecht und Leid suchen nach einem Ventil. Manchmal finden sie anscheinend kein anderes als Gewalt und Aggression. Egal, wo oder wie Gewalt und Verletzung geschehen, ob mit Worten oder Taten, immer scheinen ihre Wurzeln in Angst, Trauer, Schmerz, Schamgefühlen oder auch im Mangel an Geborgenheit und Verständnis vergraben. Und in jedem Vergeltungsschlag ist immer der Wunsch enthalten, sich von diesen bedrohlichen Emotionen zu befreien. Genügt es da, jemandem die Prinzipien des Weltethos zu erklären? Wird er deshalb danach handeln? Oder braucht es da eine gewisse eigenverantwortliche Auseinandersetzung mit erfahrbaren Erlebnissen, einen Blick nach innen, ehe man motiviert ist im Außen, in der Gemeinschaft, nach diesen globalen ethischen Standards zu leben?

Es gibt Menschengruppen, die schwere kollektive Traumata erlitten haben, wie etwa Massengenozid oder -vergewaltigungen. Es gibt Studien, die belegen, dass solche Menschengruppen bzw. deren Nachkommen dazu neigen, selbst gewalttätig zu werden, wenn die Traumata nicht gelöst werden können[46]. Ich glaube, spätestens hier sind wir bei einer unübersehbaren Verbindung zwischen ethischem (Fehl-)Verhalten und (nicht vorhandener) psychologischer Intervention angelangt. Doch meine ich damit keineswegs, dass jeder zuerst Psychotherapie machen muss, ehe er zum ethischen Handeln fähig ist. Es geht mir vielmehr um die Frage, ob eine Selbstreflexionsmethode wie die TPM dazu imstande ist, zum ethischen Handeln zu erziehen bzw. zu motivieren. Sehen wir uns das mit einem kleinen Beispiel näher an.

An einem TPM-Trainingstag nahm einmal eine Frau teil, nennen wir sie Emma. Emma erträumte während einer Bilderreise das Symbol einer Ziehharmonika. Was konnte die bloß mit ihr und ihrem Alltag zu tun haben, dachte sie. Einer anderen Teilnehmerin kam dazu gleich eine Assoziation in den Sinn: Eine Ziehharmonika ist ein Instrument, das deshalb so genannt wird, weil durch Drücken mehrerer Knöpfe, die jeder einen Ton für sich machen, eine Harmonie erzeugt werden kann. D.h., die angeschlagenen Töne ergeben ein stimmiges Ganzes. „Der Ton macht die Musik", assoziierte ein anderer dazu. Und auf die Frage, ob sie denn momentan oft einen Ton anschlagen würde, der zu zwischenmenschlichen Disharmonien führt, antwortete Emma mit einem offenen „Ja". Sie meinte, sie hätte gerade jede Menge Unstimmigkeiten mit ihrem Mann. Dieser würde sie oft nicht richtig verstehen. Ja, manchmal habe sie sogar den Eindruck, dass er ihr überhaupt nicht richtig zuhören will. Das mache sie dann wütend und sie reagiere daraufhin dementsprechend zornig. Aber jetzt, durch dieses Symbol der Ziehharmonika ausgelöst, hatte Emma etwas, das im psychotherapeutischen Sprachgebrauch als „Einsicht" bezeichnet wird. Die Frau erkannte, wo das eigentliche Problem ihres ethischen Fehlverhaltens begraben lag: nämlich nicht in ihrer prinzipiell fehlenden Bereitschaft

---

46 Kühner, Angela: Kollektive Traumata, Annahmen, Argumente, Konzepte. Eine Bestandsaufnahme nach dem 11. September. In: Berghor Report Nr. 9. Berlin. 2002.

zum ethischen Handeln, vielmehr im Gefühl, nicht verstanden und nicht gehört und somit ungerecht behandelt zu werden. Wir könnten jetzt hier weitergehen und fragen, ob Emma dieses emotionale Muster des „Nicht-gehört-Werdens" vielleicht schon aus ihrer frühen Kindheit kennt. Macht es sie deshalb so wütend? Wir lassen diese Frage aber vorerst offen und kommen am Ende dieses Kapitels nochmals darauf zurück.

Wir halten einstweilen einfach fest, dass Emma durch die Ziehharmonika das Gefühl des „Nicht-gehört-und-verstanden-Werdens" erkannt hat. Denn das war der Grund für ihr aggressives Verhalten. Auf sehr lebhafte Weise hat sie Paul Watzlawicks Konzept der Interpunktion begriffen. Im Kapitel über selbsterfüllende Prophezeiungen schreibt dieser nämlich:

> „Man [stelle] sich vor, dass ein Ehepaar sich mit einem Konflikt herumschlägt, von dem beide annehmen, dass der Partner daran ursächlich schuld ist, während das eigene Verhalten nur als eine Reaktion auf das des Partners gesehen wird. Die Frau beklagt sich, dass der Mann sich von ihr zurückzieht, was jener zugibt, doch nur, weil sein Schweigen oder das Verlassen des Zimmers für ihn die einzig mögliche Reaktion auf ihr dauerndes Nörgeln und Kritisieren ist. Für sie ist diese Begründung eine vollkommene Verdrehung der Tatsachen: Sein Verhalten ist der Grund für ihre Kritik und ihren Zorn. Durch diese gegensätzliche Interpunktion haben beide aber buchstäblich zwei widersprüchliche Wirklichkeiten und – was vielleicht noch wichtiger ist – zwei selbsterfüllende Prophezeiungen geschaffen: Die beiden Verhaltensweisen, die subjektiv als Reaktion auf das Verhalten des Partners gesehen werden, lösen eben dieses Verhalten des anderen aus und rechtfertigen »daher« das eigene Verhalten."[47]

Emma kannte dieses Konzept der Interpunktion vorher nicht. Durch das Symbol der Ziehharmonika hat sie aber intuitiv begriffen, dass sie ei-

---

47 Watzlawick, Paul: Die erfundene Wirklichkeit. Piper. München. 2002.

nen wesentlichen Teil zur miserablen Situation mit ihrem Mann beitrug. Wenn ihr eigentlicher Wunsch der war, gehört und verstanden zu werden, dann tat sie auf eigenartige Weise genau das Falsche, damit er erfüllt werden konnte. Denn wer hört schon gerne jemandem zu und bringt ihm Verständnis entgegen, wenn er ständig zornig und aggressiv ist? Hier erkannte Emma die Verantwortung, die sie als einzelner Mensch für das Ganze, für die Gemeinschaft und Partnerschaft mit ihrem Mann trägt. Mit dieser Einsicht war sie am Wendepunkt angelangt. Sie hat nicht nur „mit dem Kopf" begriffen, dass aggressives Verhalten auf die Dauer nichts bringt. Sie hat vor allem „mit dem Bauch" erkannt, wie sie mit ihrer Gewalt der Worte dem Erfüllen ihrer eigenen Wünsche sich selber und dadurch dem anderen im Weg stand. Wenn Emma gehört und verstanden werden wollte, müsste sie ihr Verhalten ändern. Und hier beginnt der Weg der Tugend. Der führt ja bekanntlich zur Glückseligkeit, zum seelischen Wohlbefinden. Emma war nun motiviert, diesen zu beschreiten. Sie wusste, dass ihr unethisches Verhalten völlig kontraproduktiv war für sie selbst und andere.

Was so ein unscheinbares Symbol wie eine Ziehharmonika nicht alles bewirken kann! Es kann wie ein magnetischer Impuls sein, der die innere Kompassnadel ausschlagen lässt und einem Menschen hilft, sich wieder ethisch auszurichten. Gedanken und Gefühle wahrnehmen, benennen und in Ausdruck bringen können ist ein wichtiges Lernziel der TPM, wie wir gerade gesehen haben. Sie ist eine Kommunikationsschulung im wahrsten Sinne des Wortes. Mittels dieser symbolischen Kommunikation wird es möglich, „c'est le ton qui fait la musique" immer bewusster zu schulen, damit der Ton, den das Individuum anschlägt, zum harmonischen Miteinander beiträgt, aber gleichzeitig auch zum geglückten Wohlbefinden des Einzelnen: von der Individuation zur Integration zur Kooperation[48].

---

48 vgl. Roethlisberger, Linda: Die Trilogos-PsyQ®Methode. Mit vernetzten Symbolen zur Selbsterkenntnis. Peter Lang Verlag. Frankfurt a. M. 2006. S. 77.

Wo und wie wird hier konkret ein Verhalten gemäß den globalen ethischen Standards des Weltethos gefördert? Bei Emmas Beispiel ist dies relativ leicht erklärt. Sie hat z.B. durch ihre Ziehharmonika einige Inhalte des Weltethos plötzlich auch emotional, intuitiv verstanden, nämlich die Goldene Regel („Tu anderen nicht, was du nicht willst, dass sie dir tun!") und die 4. Weisung („Achtet und liebet einander!"). Sie hat nicht nur am eigenen Leib verspürt, was es heißt, jemanden respekt- und lieblos sowie ohne Achtung zu behandeln. Nein, sie hat auch verstanden, dass ihr das deshalb widerfährt, weil sie auch andere so behandelte. Ihr Mann ging aggressiv mit ihr um, weil sie auch aggressiv zu ihm war. Den Grund, weshalb sie das tat, nämlich, weil sie gehört und verstanden werden wollte, hatte sie erkannt. Indem sie diesen Grund erkennt, verhält sie sich gemäß der Goldenen Regel und befriedigt ihren Wunsch nach Verständnis. Emma ist motiviert, nach der Goldenen Regel zu handeln. Denn sie merkt, wie sie dadurch neue, andere, einfühlsamere Töne in ihrer Kommunikation anschlägt, um sich auf diese Weise Gehör zu verschaffen. Auch bringt sie ihrem Partner mehr Achtung und Liebe entgegen, weil sie weiß, dass der Ton die Musik macht. Emma kennt nun auch den Grund, weshalb sie gemäß der ersten Weisung des Weltethos („Hab Ehrfurcht vor dem Leben!") handeln soll. Diese Weisung trägt den Nachsatz „Gewalt darf kein Mittel der Auseinandersetzung mit anderen sein". Und dem kann sie jetzt nur zustimmen. Sie hat erkannt, wie kontraproduktiv ihr aggressives Verhalten für sie und ihre Bedürfnisse war. Sicherlich, sie hat ihren Mann nicht geschlagen oder körperlich bedroht. Aber sie hat ihn mit ihren Worten, mit ihren Vorwürfen, mit ihrer Kritik verletzt. Und hier beginnt es. Nicht umsonst steht wohl in den heiligen Schriften von drei der großen Weltreligionen: „Am Anfang war das Wort."

Bleiben wir aber nicht nur bei Emma, sondern denken wir noch einmal zurück an meine Geschichte vom Indianer. Was motivierte mich an ihr, um gemäß den Prinzipien des Weltethos zu handeln? Es war die 3. Weisung: „Rede und handle wahrhaftig!" Die hat es mir besonders angetan. Zwar kannte ich damals das Weltethos noch nicht so gut. Aber Authentizität und Integrität im Reden und Handeln, also die Essenz dieser 3. Weisung, wollten von mir mehr und mehr gelebt werden, motiviert durch die Erkenntnisse dieser Bilderreise. Ich hatte dadurch ein Motiv, um gemäß dieser Weisung zu handeln. Vielleicht würde es mir und auch Emma nicht immer gelingen, diese globalen ethischen Standards überall völlig korrekt einzuhalten. Aber es ist unser Ziel. Und wir sind durch diese TPM-Übungen motiviert, es zu erreichen. „Fehler machen ist erlaubt", solange man bereit ist, daraus zu lernen.

Ein Prinzip des Weltethos wurde in den Beispielen oben nicht ausgeführt. Es ist dies das erste Grundprinzip, eigentlich das Zentrum des Weltethos: „Jeder Mensch soll menschlich behandelt werden." Denken Sie daran, was Sie in letzter Zeit geträumt haben. Vielleicht haben Ihnen auch andere erzählt, was ihnen in ihren Träumen erschienen ist. Vergleichen Sie Ihre Träume mit denen der anderen. Fällt Ihnen daran etwas auf? Jeder Traum ist verschieden. Die Träume von Menschen sind einzigartig genauso wie die Menschen, die sie träumen. Das fällt insbesondere nach einem TPM-Trainingstag auf. Da haben alle Teilnehmenden ganz unterschiedliche Traumsymbole und Interpretationen. Franz assoziiert zu Emmas Ziehharmonika: „Der Ton macht die Musik." Valerie meint, ihr komme dazu „Impulse des Einzelnen für das Ganze" in den Sinn. Und Christine hat eine völlig andere Idee: „Ein- und ausatmen. Aktiv-passiv sein. Geben und nehmen. Denn bei der Ziehharmonika ist es ja auch das Ziehen und Zusammendrücken, durch das erst die Töne möglich werden." Eine bunte Vielfalt an Impulsen kommt zutage, die von der Kreativität und Phantasie eines jeden Einzelnen zeugt. Weil aber jeder von uns anders und einzigartig ist, ist diese Einzigartigkeit wiederum etwas, das uns alle verbindet. Es ist etwas typisch Menschliches. Wir können auch sagen: Jeder Mensch träumt anders, aber wir alle träumen. Dass es gerade diese Individualität ist, die dem Menschen seine Würde verleiht, ist auch im Nachsatz dieses 1. Grundprinzips in der Erklärung zum Weltethos ersichtlich. Es heißt dort:

„Jeder Mensch – ohne Unterschied von Alter, Geschlecht, Rasse, Hautfarbe, körperlicher und geistiger Fähigkeit, Sprache, Religion, politischer Anschauung, nationaler und sozialer Herkunft – besitzt eine unveräußerliche und unantastbare Würde."[49] Die Individualität eines jeden Menschen soll durch die TPM gefördert und entwickelt werden, egal, welcher Kultur dieser Mensch entstammt. Die Entfaltung von menschlichen Potenzialen zu unterstützen heißt, aus meiner Sicht, Menschen wahrhaft menschlich zu begegnen. Das ist die Voraussetzung, damit sich das menschliche Potenzial zu innerer Reife, zu Sozialkompetenz entwickeln kann.

Sie haben anhand dieser Beispiele gesehen, wie TPM-Übungen und die darin erträumten Symbole einen Beitrag für ethische Bewusstseinsentwicklung leisten können, gerade im Sinne des Weltethos, und wie sie auch der Entwicklung der eigenen Persönlichkeit dienen. Sie sind Zeichen auf dem Weg zur Eudaimonia, zu seelischem Wohlbefinden. Sie können gefunden und als Orientierungshilfe eingesetzt werden.

Auf diesem Pfad zur Glückseligkeit wächst man über sich selbst hinaus, vom Ich zum Du und dadurch zum Wir. In folgender Geschichte möchte ich darüber berichten. Es geht dabei um Mitgefühl, um Empathie. Genauer gesagt um das Trainieren von intuitiver Empathie und was sie mit dem Erlangen von Wohlbefinden zu tun hat, von kollektivem Wohlbefinden wohlgemerkt. Ken Wilbers Konzept der ethischen Bewusstseinsentwicklung basiert übrigens auf dieser Schnittstelle von Empathie und Wohlbefinden. Er teilt es in 3 Stufen ein[50]. An erster Stelle steht die **Egozentrik**: *Ich denke nur an mich – mir soll es gut gehen! Die anderen interessieren mich nur dann, wenn ich etwas von ihnen brauche.* Die nächste Stufe ist die der **Ethnozentrik**: *Ich helfe meiner Familie, meinen Freunden, der Gemeinschaft, in der ich lebe, weil mir ihr Wohlbefinden am Herzen liegt. Dieses Mitgefühl empfinde ich aber nicht für alle Menschen, einige*

---
49  vgl. Erklärung zum Weltethos. Parlament der Weltreligionen. Chicago. 1993.
50  vgl. Wilber, Ken: The Integral Vision. Shambala Publishing. Boston. 2007. S. 34f.

*verabscheue und hasse ich sogar. Wenn es darauf ankommt, bekämpfe ich sie, um meine Gemeinschaft zu schützen.* Erst auf der dritten Ebene tritt **umfassende Empathie und Verbundenheit** zutage: *Das Wohlbefinden aller Menschen und Lebewesen ist mir wichtig, und so gut ich kann, leiste ich meinen Beitrag dafür, weil mir das Freude bereitet.* Kurzum: Ethische Bewusstseinsentwicklung hat Wohlbefinden zum Ziel. Nicht nur für den Einzelnen, sondern für alle. Eine große Vision.

Aber vorerst noch einmal zurück zu Emma. Ich habe vorhin versprochen, die psychologischen Implikationen ihrer Ziehharmonika noch näher unter die Lupe zu nehmen. Ein zentrales Thema dabei war das „Nicht-gehört-und-verstanden-Werden". Nehmen wir nun an, Emma kennt dieses Muster schon aus ihrer Kindheit. Nehmen wir an, sie bekam damals den Eindruck, als ob ihre Mutter ihr nicht zuhören wollte und sie nicht verstand. Als kleines Kind reagierte sie meist zornig auf das mütterliche Verhalten. Impulsiv, wie Kinder oft sind, konnte Emma von einem Moment zum anderen einen Wutausbruch bekommen. Ihre Mutter reagierte darauf mit noch mehr Unverständnis. Drohungen und Strafen waren weitere Konsequenzen. Dieses grundsätzliche Muster prägte auch viele Jahre später immer noch die Beziehung zwischen Emma und ihrer Mutter. Eines Tages verstarb die Mutter. Das Muster aber blieb. Die Frage war nun, wo es zum Ausdruck kommen sollte. Doch warum sollte es überhaupt zum Ausdruck kommen? Der Konflikt fand nicht nur zwischen Tochter und Mutter statt, sondern auch *im* Bewusstsein der Tochter, wie auch der Mutter selbst. Emma fühlte sich nicht verstanden. Das erzeugte einen Konflikt in ihr – und dieser war auch nach dem Ableben ihrer Mutter nicht gelöst.

Erinnern wir uns an Paul Watzlawicks selbsterfüllende Prophezeiungen. Das Beispiel der Interpunktion beschreibt auf eindrückliche Weise, wie jeder der daran Beteiligten besagte Situation provoziert und hervorbringt. Ein Schuldiger kann nicht gefunden werden. Im Fall von Emma wird klar, weshalb sie diesen Konflikt im Außen heraufbeschwört – wenn auch nicht willentlich, sondern unbewusst. Es ist ihr innerer Konflikt, für den sie eine Projektionsfläche, eine „Leinwand" braucht, um ihn sichtbar zu machen. Was aber, wenn der Konflikt vom Innen ins Außen gelangt? Kann er dort überhaupt gelöst werden? In Emmas Fall geschah Folgendes: Sie erhielt während des besagten TPM-Trainings das Symbol einer Ziehharmonika. Fragen wir aber jetzt nicht, was sie damit anfangen kann, sondern woher dieses Symbol überhaupt kommt. Ist es Zufall, oder fällt hier etwas Wegweisendes zu? Darüber streiten sich sicherlich die Geister. Aber dieses Buch soll dazu dienen, Beispiele zu geben, anhand derer sich erkennen lässt, dass Symbole dieser Art eben nicht zufällig auf ein interessantes Lebensthema hinweisen. Im Gegenteil, nach einer bestimmten Zeit wird ein Muster, eine Struktur, ein Leitsystem sichtbar. Das ist es, was Jung mit seinen Beobachtungen über Traumserien meint[51]. Es handelt sich dabei um Symbole, die Muster, Erlebnisse, verdrängte Gefühle, Erinnerungen aus dem Unterbewussten repräsentieren. Diese sind aber mit dem Höheren Selbst, der höheren Führung, dem transpersonalen Ich, verbunden. Denn dies ist sozusagen jene Instanz, die dieses Orientierungssystem der Symbole – als Repräsentationen des Unbewussten – koordiniert. Der Kontakt mit der Inneren Stimme ist also nichts anderes, als seinem Höheren Selbst zu vertrauen, einem jene Signale zu senden, die helfen, unerlöste Konflikte ans Licht zu bringen und zu lösen. Das Höhere Selbst bietet Orientierungshilfen zur Schattenintegration und damit zum Entfalten von Potenzialen, die noch im Dunkeln liegen. Der Lichtbringer ist ein transpersonales Bewusstsein, das Höhere Selbst. Es ist im wahrsten Sinne des Wortes Lichtbringer – es kann die diabolischen, ausgegrenzten, verdrängten und verschütteten Ängste bewusstmachen. Aber das ist eben nicht alles, denn es zeigt auch einen Weg auf, diese Ängste zu transformieren und die dahinterliegenden Potenziale hervorzuholen.

Bei der TPM werden diese menschlichen Potenziale, die ihre Heimat im Höheren Selbst haben, als PsyQ bezeichnet. Der oben beschriebene Individu-

---

51  Jung, C.G.: Traum und Traumdeutung. 12. Aufl. dtv. 2005.

ationsweg ist ein Entwicklungsprozess, der zu PsyK führt – zu menschlicher Kompetenz. Sehen wir uns das weiter am Beispiel von Emma an. Sie erkennt plötzlich durch ihre Ziehharmonika, dass sie den Konflikt mit ihrem Mann selbst mitverursacht. Sie erkennt, dass sie mit ihrem Verhalten genau das Gegenteil von dem bewirkt, was sie sich eigentlich wünscht. Sie legt ein unethisches Verhalten an den Tag, das für alle kontraproduktiv ist. Sie sieht nun, was sie tun muss, damit Werterfüllung – durch gelebte Ethik und das erwachte psychologische Verständnis sich selber gegenüber – möglich wird. Aber das ist noch nicht alles. Wenn Emma nämlich bereit ist, sich auf sich selbst einzulassen, dann kann sie auch ihren inneren Grundkonflikt erkennen, den sie da im Außen in ihrer Partnerschaft inszeniert hat. Es liegt nun an ihr, welchen Ausgang dieses Stück haben wird, das Emma auf der Bühne ihres Alltags aufführt. Die Ziehharmonika kann ein erstes Zeichen auf dem Weg sein, durch das sie erkennt, welchen Beitrag sie selbst zum Grundkonflikt mit ihrer Mutter geleistet hat. Sie hatte sich damals oft respektlos ihr gegenüber verhalten. Aber es geht gar nicht darum, dass Emma die Schuld bei ihr sucht. Es geht darum zu erkennen, wie sie die Beziehung zu ihrer Mutter mitgestaltet hat. Dadurch wird ihr eine wunderbare Chance geboten, Selbstverantwortung übernehmen zu lernen. Es wird ihr eine Chance geboten, ihrer Mutter zu verzeihen, auch wenn diese schon verstorben ist. Und es wird ihr die Chance geboten, sich selber zu verzeihen, dass sie dies alles erst jetzt realisiert, merkt, sich dessen bewusst wird. Dies ist Versöhnungsarbeit, durch transpersonale Ebenen inspiriert, um es etwas avantgardistisch zu formulieren. Ein weiteres, ausführliches Beispiel dazu findet sich im Kapitel „Transzendenz und Erinnerung". Bleiben wir aber noch kurz bei Emma. Ihre Ziehharmonika ist ein Beispiel, wie durch die TPM innere Friedensarbeit geleistet werden kann – und dadurch ein Beitrag zur äußeren. Es ist auch ein Beispiel, wie innere Konflikte äußere bewirken können. Und das führt uns konsequenterweise zu heiklen Fragen: Was haben die Konflikte im Außen, auch auf globaler Ebene, mit unseren inneren zu tun? Beginnt nicht die sogenannte Integration, d.h. das Miteinander von Menschen unterschiedlicher Kulturen, mit unserer eigenen Schattenintegration?

Mittels dieses Beispiels über die TPM scheint sich eine wichtige Brücke im Nebel zu lichten: Eine Verbindung zwischen transpersonaler Psychologie und gelebter Ethik wird sichtbar. Durch diese Art von Training werden noch weitere menschliche Kompetenzen trainiert. Etwa schulte Emma das *Ausdrücken von Gedanken und Gefühlen*, welches eines der Lernziele der TPM ist[52]: Anhand des Konflikts mit ihrem Mann und der Ziehharmonika erkannte sie, dass es auf die Art und Weise ankommt, wie Gefühle und Gedanken kommuniziert werden. Denn gerade das war ja mit ein Grund für den Konflikt mit ihrer Mutter. Die Türe „mit dem Herzen sehen zu lernen" kann sich öffnen. Durch das Öffnen dieser Tür, durch den achtsamen Umgang in der Kommunikation, merkt Emma, wie sie ihre inneren Wünsche ihren Nächsten mitteilen kann, ohne dabei Zurückweisung und Unverständnis zu erfahren. *Gedanken- und Gefühlssicherheit* ist die Folge. Durch die erlernte Kompetenz, sich in zwischenmenschliche Situationen einzufühlen, erkennt sie leichter, wie sie dem anderen etwas mitteilt, und zwar so, dass dieser sie auch versteht. Sich für eine bestimmte Wortwahl und Einstellung zu entscheiden fällt Emma immer leichter. Denn Gedanken und Gefühle ausdrücken, sie erkennen und benennen zu können, ist auch ein Lernziel der TPM. Gesteigerte Selbstverantwortung ist eine weitere Konsequenz daraus. Durch die übernommene Verantwortung in der Kommunikation und in ihrer Haltung anderen gegenüber kann Emma erleben, wie sie mehr und mehr zu dem kommt, was sie sich eigentlich wünscht. Werterfüllung wird möglich und dadurch Selbstvertrauen, emotionale Stabilität und größere Unabhängigkeit. Freilich war dies nur ein kleines Beispiel. Aber eines, das einen ersten vagen Einblick gibt, wie die TPM auch als transpersonales, tiefenpsychologisches Instrument eingesetzt werden kann – als Orientierungshilfe auf dem Individuationsweg. Wie es ist, wenn sich Individuationswege kreuzen und was dies auslösen kann, dazu nun.

---

52 Roethlisberger, Linda: Die Trilogos-PsyQ®Methode. Peter Lang Verlag. Frankfurt a. M. 2006. S. 144.

# Dialog und Empathie

## Vom Wasserhahn und anderen Ventilen

*„Solange wir nicht intellektuell, psychologisch, mental und spirituell gut darauf vorbereitet sind, wird es uns nicht möglich sein, uns umfassend auf einen Dialog einzulassen."*[53]

KOFI ANNAN

Linda Roethlisberger und ich führten beim World Spirit Forum 2008 einen gemeinsamen TPM-Workshop durch. Ich war damals noch Aspirant zum Zertifikat 2 der Trilogos Diplomausbildung. Das Thema war „(x)change consciousness". So lautete übrigens auch der Titel des damaligen Forums. Veranstaltungen dieser Art neigen schnell dazu, in eine theorielastige Diskussion abzudriften. So auch dieses Forum. Wir wollten bei unserem Workshop bewusst nicht in diese Richtung arbeiten. Spiritualität soll, genauso wie Ethik, etwas Erleb- und Lebbares sein, oder?

Die Teilnehmenden dieses Forums stammten aus verschiedenen Kulturen. Auch an unserem Workshop nahmen Menschen mit unterschiedlichem spirituellem Hintergrund teil. Manche glaubten an einen Gott, manche an mehrere, manche an gar keinen. Nicht das erste Mal wurde die TPM in einem interkulturellen bzw. transkonfessionellen Rahmen angewandt. Schon lange fasziniert mich dieses Phänomen: Menschen mit unterschiedli-

---

53 Annan, Kofi: Brücken in die Zukunft. Eine Initiative von Kofi Annan. Fischer Verlag. Frankfurt a. M. 2001. S. 66.

chem Glauben können gemeinsam beim Trilogos-PsyQ-Training spirituelle Verbundenheit erfahren. Jeder und jede kann sich mit seinem und ihrem Gott verbinden oder mit der universellen Schöpferkraft, mit Allah, mit der Natur, dem höchsten Bewusstsein – wie das jeder und jede für sich bezeichnet. Die transpersonale Psychologie sieht in diesem *Sich-verbunden-Fühlen* eine wichtige menschliche Fähigkeit. Sie dient dazu, überhaupt mit sich selbst und anderen auf authentische Weise in Kontakt kommen zu können. Gelingt dies nicht, können Konflikte entstehen. „Das sind wohl die spirituellen Krisen, die in der transpersonalen Psychologie beschrieben werden. So kommt es oft zur Krise, weil das Ich nicht flexibel genug ist zu kooperieren."[54] Durch das Vertrauen in einen höheren bzw. tieferen Seinsgrund erwächst der Mut zur Kooperation, zur Empathie.

„Interreligious dialogues reloaded". Interreligiöse Debatten könnten hier Impulse erhalten, um sich in eine neue Richtung zu bewegen. Im Manifest für den Dialog der Kulturen – von Kofi Annan initiiert – finden wir in diesem Zusammenhang Folgendes:

> „Jede große ethische und religiöse Tradition ist in ihrer Geschichte mit verschiedenen anderen Glaubenslehren und Glaubensgemeinschaften zusammengetroffen. Und oftmals ist ihre Vitalität gerade aus diesen Begegnungen hervorgegangen. Durch das Lernen von anderen hat sich der Horizont einer bestimmten Tradition häufig bedeutend erweitert."[55]

Was trägt die TPM zu einer inspirierenden Begegnung dieser Art bei? Während einer TPM-Bilderreise erträumen die Teilnehmenden Symbole, Bilder und tauchen in eine innere Traumlandschaft ein. Die Traumsymbole werden im Anschluss in der Übungsgruppe ausgetauscht. Man kann sich gegenseitig Assoziationen und Ideen dazu schenken. So wie etwa bei der

---

54 Gissrau, Barbara: Selbstbilder – Ichbilder. Trilogos Verlag. Zürich. 2008. S. 26.
55 Annan, Kofi: Brücken in die Zukunft. Eine Initiative von Kofi Annan. Fischer Verlag. Frankfurt a. M. 2001. 71f.

weiter oben beschriebenen Geschichte von Emmas Ziehharmonika. Auf diese Weise können sich Juden, Moslems, Christen, Atheisten, Hindus, Buddhisten neu begegnen. Sie können sich gegenseitig mit Metaphern, Analogien, Gleichnissen inspirieren, auch mit handfesten, konkreten Impulsen für den Alltag, z.B. andere Töne im Umgang mit seinem Partner anschlagen. Trotzdem kann jeder und jede in seinem und ihrem persönlichen Glauben bleiben. Es geht nicht darum, wer *die* Wahrheit kennt. Wichtiger ist, wie wir uns gegenseitig helfen können, die jeweils eigene Wahrheit zu erkennen in Bezug zur eigenen Gesundheit, den Beziehungen, der Arbeitswelt, d.h. Beruf und Berufung. „Die sorgfältig geschulte Wahrnehmung und das Erlernen der eigenen Symbolsprache führen zur ureigensten Wahrheit. Der Kontakt mit der inneren Stimme öffnet das Tor zur Seele."[56]

Wir werden uns nun dem Thema Empathie widmen, der Fähigkeit, mit anderen mitzufühlen, wie auch dem Thema Dialog und wie beides durch die TPM gefördert werden kann. Einen ersten Einblick haben wir gerade erhalten. Vertrauen spielt dabei eine wichtige Rolle. Kofi Annan stellt im Manifest für den Dialog der Kulturen fest: „Vertrauen macht möglich, dass es zum Dialog kommt, dass er andauert und schließlich Früchte trägt. Es ist das Rückgrat jeder wirklichen Kommunikation. [...] durch Vertrauen respektieren wir die Integrität des anderen prinzipiell und als Wert an sich."[57]

Nun zum Workshop am World Spirit Forum. Was hatte es dort mit Vertrauen, Dialog und Empathie auf sich? Linda Roethlisberger leitete eine TPM-Bilderreise. Alle machten dabei ihre persönliche Religio. Danach sollten wir nicht nur ein Symbol für uns, sondern auch für jemand anderen in der Übungsgruppe erträumen. In Verbundenheit mit dem Höchsten, mit Gott, mit Göttern, mit dem Universum etc. erträumten wir ein symboli-

---

[56] siehe: http://www.trilogos.ch/schulung/methode.html
[57] Annan, Kofi: Brücken in die Zukunft. Eine Initiative von Kofi Annan. Fischer Verlag. Frankfurt a. M. 2001. 82f.

sches Geschenk für unseren Übungspartner. Die Person, für die ich ein Traumsymbol wahrnahm, hieß Thomas. Thomas war ein junger Mann, ungefähr 30 Jahre alt. Er lebte in der Schweiz. Von seiner religiösen Gesinnung her war er als Agnostiker zu bezeichnen, d.h. als jemand, der zwar an eine transzendente Wirklichkeit glaubt, aber keiner bestimmten Religion angehört. Agnostiker können sehr unterschiedliche spirituelle Ansichten haben. Keiner Konfession anzugehören ist eigentlich das Einzige, was sie verbindet. Thomas glaubte an ein Weiterleben nach dem Tod und daran, dass es so etwas wie eine universale göttliche Energie gibt. Grundsätzlich teile ich mit ihm diesen Glauben. Aber für mich gibt es da noch eine Menge mehr zwischen ‚Himmel und Erde'. Vor der Bilderreise wussten wir beide nichts vom Glauben des anderen. Und so nahm ich für Thomas während der Übung einen reitenden Apachi-Indianer wahr. Voller Lebenskraft saß er in anmutiger, aufrechter Haltung auf seinem Pferd. Er war bereit für neue Abenteuer und wollte hinaus in die weite Welt. Er wollte etwas erleben, sich auf die Reise begeben und mutig und tapfer seinen Weg gehen. Wieder aus der Bilderreise erwacht, erzählte ich Thomas, was ich für ihn erträumt hatte. Meine Assoziationen dazu waren Mut und Zielstrebigkeit sowie „etwas anpacken und dann auch zu Ende bringen". Wie reagierte Thomas darauf? Er sah mich erstaunt an und meinte dann, dieser junge Indianer würde in seiner momentanen Lebensphase genau das verkörpern, was er selbst so gerne sein möchte. Aber irgendwie hat er nicht die Kraft und den Mut, diese Charakterzüge zu leben, nämlich Lebensfreude, Zuversicht und mentale Stärke. Erst hier erzählte er mir von seinem persönlichen Glauben, und während des Gesprächs stellte sich auch heraus, dass er zu dieser universalen göttlichen Energie, an die er eigentlich glaubte, irgendwie „den Hahn nicht fand, um sie aufzudrehen". So sei er ständig dabei, diesen zu suchen, in der Hoffnung, bald fündig zu werden und „in den Fluss zu kommen". Thomas fügte noch hinzu, es sei interessant, dass ich ausgerechnet von einem reitenden Indianer geträumt habe. Nicht nur, weil dieser symbolisch seine Sehnsucht verkörpere, sondern auch, weil bei ihm zu Hause eine solche Indianerfigur auf dem Schreibtisch stehe. Diese sei ihm sehr viel wert, nicht zuletzt deshalb, weil sie genau jene Eigenschaften verkörpere, von denen er jetzt noch träume.

Paul Watzlawick behauptet: „Wir können nicht nicht kommunizieren."[58] Jeder Mensch hat seine Ausstrahlung, ob er spricht oder nicht, ob er sich anderen zu- oder von ihnen abwendet. Um die Ausstrahlung eines anderen Menschen wahrnehmen zu können, muss man sich auf ihn einlassen. Man muss sich gewissermaßen in ihn hineinspüren, mit ihm mitfühlen. Hier beginnt Empathie. Diese soziale Kompetenz zu trainieren und zu erweitern ist ein Ziel dieser Übungen. Intuition spielt dabei eine wichtige Rolle. Die TPM versteht sich deshalb auch als eine Methode zur Intuitionsschulung[59]. Genauer gesagt ist intuitive Wahrnehmung sogar jene Fähigkeit, mit der Empathie erlernt und trainiert werden kann. Es geht also um intuitive Empathie, d.h. um die Fähigkeit, sich spontan und unmittelbar in die Situation eines anderen Menschen hineinfühlen zu können, damit Sie ihm dann dementsprechend angemessen begegnen können. Die Übung beim World Spirit Forum diente dazu, intuitiv mit Thomas mitzufühlen und ein Symbol für ihn zu erträumen, das er als wertvollen Impuls für seinen Alltag annehmen konnte. Nun, hat das überhaupt funktioniert? Anhand der Indianerfigur konnte ich auf alle Fälle meine Intuition überprüfen, denn auf Thomas' Schreibtisch befand sich tatsächlich eine solche Figur. Die Frage ist nun, ob Thomas dadurch einen wertvollen, praktisch philosophischen und spirituell psychologischen Impuls erhalten hatte. Konnte er mit dem Indianer in seinem Alltag etwas anfangen? Hier beginnt die eigentliche Empathie, das Mitfühlen, d.h., Menschen dort zu begegnen und zu unterstützen, wo sie gerade in ihrem Leben stehen. Fühlte sich Thomas verstanden? Durch die Übereinstimmung zwischen meinem Traumsymbol und seinem indianischen Reiter zu Hause war Thomas sichtlich berührt. Nicht nur, weil ich

---

58  Watzlawick, Paul: Menschliche Kommunikation. Formen, Störungen, Paradoxien. 10. Aufl. Huber. Bern. 1996. S. 53.
59  Roethlisberger, Linda: Intuition ist erlernbar. Heinrich Hugendubel Verlag. Kreuzlingen/ München. 2006.

intuitiv einen ihm vertrauten Gegenstand wahrgenommen hatte, sondern weil er durch einen Menschen, den er noch nie zuvor getroffen hatte, ein Zeichen erhielt. Ein Zeichen auf seinem Weg, das ihm sozusagen von außen bewusstmachte, wo er gerade in seinem Leben stand. „Wer bin ich? Wo stehe ich gerade? Wo möchte ich hin?" – eine Standortbestimmung der besonderen Art wurde Thomas zuteil, könnte man sagen. Vielleicht fragen Sie sich, ob das Traumsymbol Thomas auf seinem Weg wirklich weiterbrachte. Was erkannte er dadurch, was ihm vorher nicht schon bewusst war? Thomas wurde klar, wie er durch das erträumte Symbol des Indianers Orientierung in seinem Leben bekam. Ihm wurde bewusst, wie ihm durch das Vertrauen auf seine Symbolsprache (durch Träume, Bilderreisen, aber auch im gewöhnlichen Alltag) Hinweisschilder, Signale und Zeichen auf seinem Lebensweg zuteil wurden. Der heiß ersehnte Wasserhahn schien entdeckt. Jetzt brauchte er nur mehr aufgedreht zu werden. Hier begann der Dialog zwischen Thomas und mir Früchte zu tragen, auch wenn vielleicht noch nicht im Außen sichtbar. Aber „der Dialog beginnt in unserem Inneren.[60]" Denn etwas in unserem Gespräch berührte Thomas und etwas berührte mich. Es waren keine Argumente, es waren Assoziationen, die wir uns gegenseitig schenkten. So gestaltet sich inspirierender Dialog etwa durch Gleichnisse, d.h. über ein Kennenlernen und Trainieren der eigenen Gedanken- und Gefühlssprache, um so sein Selbstvertrauen stabilisieren zu können, wie eines der wesentlichen Ziele der TPM lautet[61].

Intuitive Empathie hilft, sich spontan in andere einfühlen zu können. Sie hilft, eine Ahnung zu haben, wo der andere gerade in seinem Leben stehen könnte. Das erleichtert den Dialog. Das erleichtert ein gemeinsames Miteinander. „Will man ein globales Friedensdenken fördern, ist die Förderung von Mitgefühl durch Erziehung als eine Methode zur Freilegung

---

60 Annan, Kofi: Brücken in die Zukunft. Eine Initiative von Kofi Annan. Fischer Verlag. Frankfurt a. M. 2001. S. 35.
61 vgl. Roethlisberger, Linda: Die Trilogos-PsyQ®Methode. Mit vernetzten Symbolen zur Selbsterkenntnis. Peter Lang Verlag. Frankfurt a. M. 2006. S. 33.

der ursprünglichen Gestalt von Herz und Seele in der menschlichen Natur von wesentlicher Bedeutung."[62] Das heißt zu lernen, die anderen so anzunehmen, wie sie sind, sie mit ihren Eigenheiten und ihrer Andersartigkeit zu respektieren, sie wertschätzen zu lernen. Es geht um Authentizität und Aufrichtigkeit in Alltagssituationen. Empathie setzt voraus, nicht nur die Gefühle anderer wahrzunehmen, es bedeutet auch, in Kontakt mit seiner eigenen Gedanken- und Gefühlswelt zu kommen. Wie soll ich erkennen, wie es dem anderen geht, wenn ich selbst nicht weiß, wo ich stehe? Wie soll ich dem anderen helfen, wenn ich mir selbst nicht helfen kann? Hilfe zur Selbsthilfe ist gefragt – und wir sehen uns nun an, wie diese bei der TPM durch intuitive Empathie gefördert wird.

Diese Hilfe zur Selbsthilfe bei der TPM ist leicht erklärt, und dennoch kann sie so unglaublich effektiv sein, vorausgesetzt, man lässt sich auf sich selber ein. Das werden wir gleich beim Symbol des „reitenden Indianers" sehen. Da habe ich für Thomas ein Zeichen erträumt, das er dankend als symbolisches Geschenk annehmen konnte. Ich bekam durch Thomas eine konkrete Rückmeldung auf meine intuitive Wahrnehmung. Mit dem reitenden Indianer habe ich den Nagel auf den Kopf getroffen. Meine intuitive Wahrnehmung für ein DU wurde bestätigt. Damit ist es bei der TPM aber nicht getan. Sie möchte ein Instrument sein, durch das sich der Trainierende unabhängig und eigenständig erziehen kann. Sie erhebt den Anspruch, „eine Methode zur Freilegung der ursprünglichen Gestalt von Herz und Seele" zu sein, genau so, wie es im Manifest für den Dialog der Kulturen gefordert wird. Das ist ein wesentlicher Unterschied der TPM im Vergleich zu anderen Intuitionsschulen. Intuitionstraining ist für sie ein Mittel zum Zweck der Persönlichkeits- und Bewusstseinsentwicklung. Ihr geht es um Selbsterkenntnis, Selbstverantwortung und Selbsterziehung. „»**Erkenne dich selbst**« – dieses Ideal des Sokrates verlangt spirituelle Übung und moralische Selbsterziehung, eine humanistische Art des Lernens, die nötig

---

[62] Annan, Kofi: Brücken in die Zukunft. Eine Initiative von Kofi Annan. Fischer Verlag. Frankfurt a. M. 2001. S. 93.

ist, um ganz und gar Mensch zu sein"[63]. Auf diese Forderung soll die TPM eine Antwort sein. Und so sollte auch ich mich fragen, was denn wohl der reitende Indianer nicht nur mit Thomas, sondern auch mit mir zu tun haben könnte. Denn irgendetwas müsste er mit mir zu tun haben, ich hatte ihn ja schließlich erträumt. Als ich mir diese Frage stellte, fiel mir die aufrechte Haltung des indianischen Reiters auf. Ich verglich sie mit der Haltung des weiter oben schon erwähnten Indianers aus der Bilderreise meiner Trilogos-Grundschulzeit. Wenn ich nun beide einander gegenüberstellte, wurde mir bewusst, wie sehr sich meine eigene ethische Haltung entwickelt hatte. Ethisches, mitfühlendes Verhalten war mir mittlerweile in meinem Alltag ein wichtiges Ziel geworden. Durch die Gegenüberstellung der zwei Indianer hatte auch ich ein Zeichen erhalten: Es sagte mir, in die richtige Richtung unterwegs zu sein. „Check and Balance" der eigenen Wahrnehmung wird so möglich. „Wenn unser Bewusstsein in Balance gelangen kann, können wir Respekt für uns und damit für unser „Gewordensein" empfinden, und dies ist eine entscheidende Voraussetzung, um achtsam in Beziehung zu gehen, zu uns, zu Familienangehörigen, im Beruf und Freundeskreis. Selbstredend, dass auch hier die Basis für den Interkulturellen Dialog zu finden ist."[64] Die TPM als eine Signaletik des Bewusstseins, die zu einer Signal-Ethik der Persönlichkeit werden kann – so habe ich zu Beginn diese Methode vorgestellt. Dieser „indianische" Vergleich ist für mich ein sehr praktisches Beispiel, um zu zeigen, was damit gemeint ist. „Das Erkennen der Welt durch Trilogos-PsyQ-Training beansprucht somit nicht das Erkennen einer *absoluten* Wahrheit, vielmehr einer *individuellen* Wahrheit."[65] Thomas wurde seine Sehnsucht nach Mut und Lebenskraft auf neue Weise bewusst und eine Richtung, die zu ihrer Erfüllung zu führen schien. Mir wurde durch dieses Symbol einmal mehr die Notwendigkeit ei-

---

63 Annan, Kofi: Brücken in die Zukunft. Eine Initiative von Kofi Annan. Fischer Verlag. Frankfurt a. M. 2001. S. 101.
64 Bliemel, Karin: Systeme in Balance. Wege zur Integration durch PsyQ. Ein Beitrag zum „EU-Jahr des Interkulturellen Dialoges" 2008 2008. S. 59.
65 Roethlisberger, Linda: Die Trilogos-PsyQ®Methode. Peter Lang Verlag. Frankfurt a. M. 2006. Trilogos Verlag. Zürich. S. 68.

ner gelebten Aufrichtigkeit klar. Beide konnten wir uns durch diese Übung selbst ein Stück mehr erkennen. Beiden wurde uns die Selbstverantwortung für unser Tun und Lassen bewusst. Beide bekamen wir Orientierung auf dem Weg. Ein Aufflackern unseres Polarsterns, unseres PsyQ, Impulse zur Selbsterziehung durch intuitive Empathie.

Und was, wenn dieses intuitive Einfühlen noch nicht so gelingt? Was, wenn der andere überhaupt nichts anfangen kann mit dem, was Sie für ihn wahrgenommen haben? „Fehler machen ist erlaubt, anfangs der Schulung der medialen oder seelisch-geistigen Anlagen sogar not-wendig, denn aus Fehlern lernen wir." In diesem Fall nehmen Sie das erträumte Symbol zu sich zurück, und fragen Sie sich: „Was hat das Symbol wohl auch mit mir zu tun?" Die Impulse zur Selbsterkenntnis und -erziehung bleiben so immer gegeben. Das ist der Dialog, der im Inneren beginnt. Im Kleinen liegt das Größere. Selbsterkenntnis führt zu Selbstverantwortung und dies zu innerem Frieden. Wer seine eigenen Gedanken und Gefühle, seine Sehnsüchte und Befürchtungen annehmen lernt, wird die der anderen umso mehr verstehen. „Der Börsenmakler in New York und der Beduine in der Wüste scheinen auf Anhieb nichts gemeinsam zu haben, aber bei näherem Betrachten sind beide von ihrem Denken (IQ), Fühlen (EQ) und Glauben (SQ) geprägt und ebenso von ihren Hoffnungen und Ängsten."[66]

Jetzt sind Sie vielleicht neugierig geworden. Gibt es so etwas wie Intuition wirklich? Sind dafür wissenschaftliche Belege vorhanden? Ist sie erlernbar? Diesen Fragen werden wir uns im nächsten Abschnitt widmen. Das wird eine bunte Angelegenheit, denn es wird darin auch um das Colour Coding des Bewusstseins gehen.

---

[66] siehe: http://www.trilogos.ch/trilogos/leitgedanke.html

# Intuition und Spiegelneurone

## Vom Du im Ich zum Wir

*„Im Antlitz des anderen Menschen begegnet uns
unser eigenes Menschsein."* [67]

JOACHIM BAUER

Giacomo Rizzolatti ist ein Neurobiologe, ein sehr bekannter sogar. Wie viele andere Forscher auch verdankt er seinen Ruhm einer *zufälligen* Entdeckung. Rizzolatti ist *zufällig* der neurobiologische Beweis für Intuition *zugefallen*. Das war eine Revolution, auch wenn sie viele noch nicht wahrhaben wollen, vielleicht weil sie so bahnbrechend ist wie das Ei des Kolumbus. Intuition, Telepathie und Vorhersehung hat Rizzolatti begründet, indem er ihre neurobiologischen Entsprechungen im menschlichen Gehirn fand. Er nannte sie Spiegelneurone. Damit konnte er aufzeigen, dass unsere Fähigkeit zu Mitgefühl und Empathie ihren Ursprung in der Intuition selbst hat. Joachim Bauer, ein deutscher Neurobiologe und Psychotherapeut, schrieb 2005 einen Bestseller darüber: „Warum ich fühle, was du fühlst". Er erklärt Spiegelneurone darin folgendermaßen:

„Da der Gyrus cinguli das zentrale Emotionszentrum des Gehirns darstellt, sind die Spiegelneurone, die hier entdeckt worden waren, nicht mehr und nicht weniger als ein Nervenzellensystem für Mitgefühl und Empathie."[68]

---

67 Bauer, Joachim: Warum ich fühle, was du fühlst. Intuitive Kommunikation und das Geheimnis der Spiegelneuronen. Hoffmann und Campe. Hamburg. 2005. S. 115.
68 ebd. S. 47.

Bauer untersuchte diese Spiegelneurone näher. Er kam zu verblüffenden Erkenntnissen. Bei Spiegelneuronen handelt es sich um „Nervenzellen, die im eigenen Körper ein bestimmtes Programm realisieren können, die aber auch dann aktiv werden, wenn man beobachtet oder auf andere Weise miterlebt, wie ein anderes Individuum dieses Programm in die Tat umsetzt."[69] Wenn jemand weint und traurig ist und Sie in seiner Nähe sind, dann beginnen auch Sie diese Trauer zu spüren. Sie können mit dieser Person mitfühlen. Sie können fühlen, was sie fühlt, ohne groß darüber reden zu müssen. Sie erfassen das emotionale Befinden dieses Menschen intuitiv. Das ist der Effekt der Spiegelneurone. Dieses intuitive Mitfühlen muss aber nicht nur über Emotionen laufen. Gefühle können auch über Bilder und andere Symbole wahrnehmbar werden. Unsere nächtlichen Träume sind ein Beispiel dafür. In ihnen können sich unsere Ängste und Hoffnungen, z.B. in Traumlandschaften, ausdrücken. Auch der reitende Indianer von Thomas ist ein Beispiel für intuitive Empathie, genauso wie für symbolische Kommunikation und die Aktivität von Spiegelneuronen. Joachim Bauer beschreibt sie anhand einer einfachen Metapher. Stellen Sie sich zwei Gitarren vor, die nebeneinander stehen. Jemand schlägt bei der einen die G-Saite an. Ein „G" erklingt im Raum. Wie durch ein Wunder beginnt auch die G-Saite der anderen Gitarre zu erklingen. Natürlich viel leiser, aber immerhin. Wenn nun jemand die Hand auf die G-Saite legt, die zuerst angeschlagen wurde, dann hört diese zu klingen auf. Logisch. Aber die G-Saite der zweiten Gitarre, die durch den Ton der ersten zu schwingen begann, klingt noch weiter. Das ist ein altbekanntes Phänomen, aber immer wieder faszinierend. Analog dazu können wir uns die Aktivität von Spiegelneuronen vorstellen. Die Schwingung im Raum bekommt eine neue Bedeutung.

Mit diesen Überlegungen lassen sich einige interessante Bezüge zu alltäglichen Erlebnissen herstellen. Beispiel Arbeitsplatz: Sie haben eine

---

69  ebd. S. 23.

Präsentation mit Menschen, die Sie noch nie zuvor gesehen haben. Als Sie den Raum betreten, bekommen Sie ein eigenartiges Gefühl. Die Stimmung wirkt gedämpft. Sie werden müde bei Ihrem Vortrag, bekommen den Eindruck, Ihre Sache nicht gut zu machen. Sie fragen sich: „Was soll das alles?" Im Anschluss an das Meeting kommen Sie mit einem Zuhörer ins Gespräch. Er meint, kurz vor der Präsentation hätten vier der insgesamt zehn Zuhörer ihre Kündigung erhalten. So viel zu Ihrem Gefühl, eine Sache nicht gut gemacht zu haben. Beispiel Freundeskreis: Sie sind meist mit einer Gruppe von etwa acht Personen unterwegs. Sie sind eine richtige Clique. Jeder kennt jeden, und das schon seit Jahren. Drei Ihrer Freunde haben in regelmäßigen Abständen depressive Schübe. Das Leben hat nicht viel für sie übrig, denken Sie generell in Ihrer Clique. Irgendwie ergibt das alles keinen Sinn. Auch Sie vertreten diese Einstellung. Eines Tages fahren Sie auf Urlaub nach Australien, als Tramper, allein. Unterwegs lernen Sie Leute kennen. Gemeinsam kaufen Sie sich einen alten VW-Bus. Wochenlang sind Sie im Outback unterwegs. Das Leben ist schön, meinen Ihre Wegbegleiter. Das Leben ist schön, meinen Sie. „Der Vorgang der Spiegelung passiert simultan, unwillkürlich und ohne jedes Nachdenken."[70]

Bewusst oder unbewusst? Das ist die entscheidende Frage bei diesen zwischenmenschlichen Spiegelungen. Wenn sie bewusst wahrgenommen werden, kann das für den Sender und den Empfänger ein Segen sein. Der eine versteht den anderen. Ein unterstützendes Miteinander wird möglich. Wenn Spiegelungen unbewusst geschehen, kann es sein, dass beide die Welt nicht mehr verstehen und sich gegenseitig auch nicht. Natürlich kann sich nie jemand all seiner Spiegelungen bewusst sein. Aus diesem Grund ist Selbstverantwortung gefragt, ein verantwortungsbewusster Umgang mit den eigenen Gefühlen und Gedanken. Denn es kann auch nicht sein, dass jemand all seine emotionalen Regungen als Spiegelungen anderer abtut. Das wäre Verdrängung, Projektion oder Verwechslung. „Was hat das, was

---

[70] Bauer, Joachim: Warum ich fühle, was du fühlst. Intuitive Kommunikation und das Geheimnis der Spiegelneuronen. Hoffmann und Campe. Hamburg. 2005. S. 26.

ich erlebe und wahrnehme, auch mit mir zu tun?" – jetzt wird klar, warum dieser Trilogos-Leitsatz so wichtig ist. Im Spiegel der anderen erkennen wir uns selbst im wahrsten Sinne des Wortes. Nur wenn ich bereit bin, mich auf meine eigenen Gefühle und Gedanken, auf meine Hoffnungen und Ängste einzulassen, kann ich eine Hilfe für die anderen sein. Je mehr ich mich auf meine Emotionen einlasse, umso mehr kann ich auch die der anderen verstehen. Verständnis ist der erste Schritt zur Nächstenliebe. „Liebe deinen Nächsten wie dich selbst." Sich selbst lieben heißt, sich so anzunehmen, wie man ist, mit seinen Licht- und Schattenseiten, mit seinen Träumen und Alpträumen, mit seinen Schwachstellen und Problemzonen. Sich auf sich selbst und seine Ängste einzulassen heißt aber nicht nur, mehr Wohlbefinden zu erlangen. Das Annehmen, Kennenlernen und Transformieren seiner destruktiven Gefühle, Gedanken und Überzeugungen fördert das Vermögen, mit anderen intuitiv mitzufühlen. „Untersuchungen zeigen, dass Angst, Anspannung und Stress die Signalrate der Spiegelneurone massiv reduzieren."[71] Wer Angst hat, kann nicht so gut auf andere eingehen. Das ist der Grund, weshalb die TPM nicht nur auf Intuitionstraining abzielt, sondern auf Persönlichkeits- und Bewusstseinsschulung. Wer intuitive Empathie lernen will, kommt um eine tiefgehende Auseinandersetzung mit sich selbst nicht herum. Das Ziel dieser Bemühungen ist, ein „Lebenskünstler" zu werden – ein praktischer „Philosoph" und spiritueller „Psychologe". Ein solcher weiß sich geführt, geborgen und dadurch geschützt von guten Mächten. Dadurch kann er sich immer wieder aus der Freude heraus den nächsten Herausforderungen stellen – für sich selber wie fürs Ganze.

Mit der TPM soll das Einfühlungsvermögen eines Menschen durch Intuitionstraining gefördert werden. Das ist ein avantgardistischer Zugang. Wie funktioniert er? Durch innere Wahrnehmungen, z.B. innere Bilder oder Emotionen – seelisch-geistiges Bodybuilding sozusagen. Aber wie kann Intuition von der Imagination eines Menschen, seiner Vorstellungskraft

---

[71] ebd. S. 34.

unterschieden werden? Denn ist nicht alles eine intuitive Wahrnehmung, was wir für wahr nehmen? Manches ist auch Einbildung. Illusion, Sehnsucht, Wunschtraum. Wie können dann noch Intuition und Imagination von Inspiration unterschieden werden? Wo kommt diese her? Was inspiriert einen Menschen?

Das Verhältnis dieser drei Kräfte von Imagination, Intuition und Inspiration spielt in der TPM eine zentrale Rolle. Zum besseren Verständnis möchte ich folgende Metapher anbieten: Ein TV-Sender sendet digitale Impulse, z.B. eine Sendung von „6 feet under". Diese wird von der Antenne auf Ihrem Hausdach empfangen. Damit Sie die Sendung sehen und hören können, brauchen Sie einen Fernseher, einen Bildschirm. Übertragen auf die drei oben erwähnten Kräfte entspricht die Fernsehstation z.B. Ihrem Unterbewussten, einem anderen Menschen oder auch transpersonalen Bewusstseinsimpulsen. Diese inspirieren Sie, senden Informationen an Sie wie eine TV-Sendung, die Sie inspiriert. Ihre Intuition entspricht dann sozusagen der Antenne auf Ihrem Haus. In sie schlägt der Geistesblitz ein. Sie empfängt die Impulse. Das reicht aber noch nicht aus, damit Sie sie auch wahrnehmen und visualisieren können. Sie brauchen noch einen Fernseher. Das sind Ihre fünf äußeren bzw. inneren Sinne. Erst damit können Sie die inspirativen Impulse innerlich, in Ihrer Wahrnehmung, Phantasie, Vorstellungswelt dank Ihrer Einbildungskraft auch sehen, hören und sogar riechen, fühlen, schmecken oder einfach wissen. Das sind dann Ihre Imaginationskraft oder Ihre medialen Anlagen. Die Imaginationskraft von Menschen ist sehr unterschiedlich. Manche können besser medial sehen, manche besser fühlen usw. Auch die Qualität der empfangenen Impulse variiert genauso, wie manche einen Flatscreen haben und andere einen Schwarz-Weiß-Fernseher. Welche Impulse Sie empfangen, hängt wiederum davon ab, wie gut geschult Ihre intuitive Wahrnehmung ist – wie groß also Ihre Antenne auf dem Dach ist. Ist es eine Satellitenschüssel oder eine, die aus altem Draht zusammengeflickt ist? Use it or lose it: Wenn wir unsere Spiegelneurone nicht regelmäßig verwenden, bilden sie sich zurück. Die

Fähigkeit des intuitiven Einfühlungsvermögens sinkt. Die Antenne auf dem Dach verrostet. Wenn Sie immer nur einen Kanal ansehen, wird auch die Vielfalt der Informationen dementsprechend gering sein, die Sie empfangen. Mit dem regelmäßigem Training Ihrer Wahrnehmung lernen Sie quasi zwischen unterschiedlichen Informationskanälen zu zappen. Wie geht es Ihrem Chef, Ihrer Frau oder Ihrem Mann, der Verkäuferin im Kiosk? Wie könnten Sie sie unterstützen?

Fassen wir diese Ausführungen über Imagination, Intuition und Inspiration zusammen, setzen wir sie in Bezug zur Persönlichkeits- und Bewusstseinsentwicklung eines Menschen: Durch die TPM können die Unterscheidungs- und Entscheidungsfähigkeiten immer besser trainiert werden, beispielsweise, indem Sie sich entscheiden, ob eine Imagination eine intuitiv wahrgenommene Inspiration ist, eine Spiegelung, oder schlichtweg eine Einbildung. Das kann ja auch sein. Nicht selten passiert es, dass Ihre Wahrnehmung nicht der Realität eines anderen Menschen entspricht. Ihre Intuition hat nicht ganz funktioniert. Ihre Antenne war nicht richtig adjustiert. Oder lässt die Selbsteinschätzung des anderen zu wünschen übrig? Auch das ist möglich. Aber das macht nichts. Denn aus Fehlern und anderen Impulsen lernen wir ja. Die TPM nützt das Scheitern als wertvolle Ressource. Wie das geschieht, möchte ich anhand eines Erlebnisses zeigen, das sich während eines weiteren Workshops mit Linda Roethlisberger ereignete.

Im Frühjahr 2008 fand die Konferenz „Die Transformation des Religiösen" an der Universität Tübingen statt. Linda Roethlisberger und ich hielten dort einen gemeinsamen Workshop. Wir gingen in die nächste Runde nach unserem ersten Auftakt beim World Spirit Forum. Für mich als Aspirant zum Zertifikat 2 der TRILOGOS-Diplom-Ausbildung waren Gelegenheiten wie diese eine gute Trainingsmöglichkeit. Bei dieser Konferenz hatte ich im Rahmen unseres Workshops ein Aura Reading zu halten. Was ist die Aura? Die Aura ist die persönliche Ausstrahlung eines Menschen. Erinnern Sie sich an Paul Watzlawicks Ausspruch „Wir können nicht nicht kommunizieren"[72]. Das, was ein Mensch ausstrahlt, ist nicht nur sein äußerliches Auftreten, seine Frisur, seine Kleidung, sein Körperbau. Es sind auch seine Gefühle, seine Gedanken, seine Überzeugungen, sein Wesen, wahrnehmbar durch unsere Spiegelneuronen. Das ist die Kurzfassung der menschlichen Aura. Ein detaillierter Blick scheint lohnenswert. Sehen wir uns die Aura genauer an, bevor ich über das Reading beim Workshop erzähle.

Im trilogischen Sinn hat jede menschliche Aura im Wesentlichen **fünf Hauptschwingungsschichten**[73]. Die Basis bildet erstens die **emotionale Aura**. In ihr sind Informationen zur Verfassung und Geschichte des physischen Körpers gespeichert. Zweitens die **mentale Aura**, ihrerseits Informationsträger der mentalen, psychischen Befindlichkeit eines Menschen. Und dann noch die **spirituelle Aura**. Sie enthält Informationen zum transpersonalen Wesenskern eines Menschen. Zwischen der ersten und zweiten Aura befindet sich noch der **Astralkörper** (die menschliche Psyche), zwischen der zweiten und dritten der **Kausalkörper** (das Kollektiv). Das klingt vielleicht kompliziert, ist aber einstweilen nicht weiter von Belang. Wichtiger hingegen ist, dass manche Menschen die Aura in Farben sehen können. Ja, manche Menschen meinen, sie könnten die Ausstrahlung eines anderen in Form von farbigen Lichthüllen sehen. Diese farbigen Lichthüllen umgeben den menschlichen Körper. Eine farbenfrohe Angelegenheit, meinen Sie vielleicht. Aber hier liegt noch nicht der springende Punkt. Der kommt erst dort ins Spiel, wo jeder dieser Farben eine spezielle Bedeutung zugesprochen wird. Rot steht im Allgemeinen für Erdung, Sexualtrieb, Aggression, Bodenhaftung. Orange symbolisiert Kreativität und Erotik. Gelb repräsentiert die Verarbeitung von Gefühlen; Emotionen können gelöst, Depressionen gelindert werden. Grün entspricht der Balance

---

72 Watzlawick, Paul: Menschliche Kommunikation. Formen, Störungen, Paradoxien. 10. Aufl. Huber. Bern. 1996. S. 53.
73 vgl. Roethlisberger, Linda: Der sinnliche Draht zur geistigen Welt. Ein Lehrbuch zur Entfaltung der medialen Anlagen und der eigenen Persönlichkeit. 5. Aufl. Heinrich Hugendubel Verlag. München. 2006. S. 173.

von Körper, Seele und Geist. Auch steht diese Farbe für Mitgefühl, Liebe, Entspannung, Heilung, Hoffnung und Geduld. Blau symbolisiert Kommunikation, Vernunft und klares Denken. Wer diese Farbe innerlich visualisiert, bei dem kann sich innere Ruhe einstellen. Purpur entspricht einer Belebung von Geisteskraft und Inspiration. Violett schließlich repräsentiert Selbstverwirklichungsprozesse und spirituelles Wachstum. Die einzelnen Farben können auch unterschiedlichen Bewusstseinstufen entsprechen. Menschen mit viel Rot in ihrer Aura wären dann erdverbunden, bodenständig. Menschen mit starken Blauanteilen wären rational ausgeprägt und IQ-lastig. Auch könnten sie gut vor anderen Menschen reden. Dass dies natürlich nur eine mögliche Interpretation ist, versteht sich von selbst. Auch hier können wir sagen: Es gibt so viele Interpretationen der Farben wie Menschen. Mehr zu Farben und ihren Bedeutungen findet sich übrigens ausführlich im TPM-Lehrbuch „Der sinnliche Draht zur geistigen Welt"[74]. Die Idee ist nun, durch die TPM das Wahrnehmen der Aura eines anderen Menschen zu trainieren. Mediales Screening nenne ich das. Denn es wäre doch z.B. ganz gut, wenn wir in einem erweiterten Sinn erfahren könnten, mit wem wir es eigentlich gerade zu tun haben, etwa bei unserem neuen Vorgesetzten. Ist er sehr IQ-lastig oder emotional ausgeprägt? Oder beim Kunden, der gerade unser Geschäft betritt – welche Bewusstseinsebene scheint bei ihm am stärksten ausgeprägt, was würde da gut zu ihm passen? Oder beim Arzt, den wir gerade aufsuchen. Kann er gut auf Mitmenschen eingehen? Somit ist dieses System der menschlichen Aura nichts anderes als eine auf Farben basierende Orientierungshilfe für intuitives Mit- und Einfühlungsvermögen. Es soll helfen, uns in unserem zwischenmenschlichen Umgang leichter zurechtzufinden. Es soll helfen, uns und anderen anhand von intuitiver Empathie eine rasche und klare Standortbestimmung zu ermöglichen. Was sind unsere Stärken und Schwächen? Wo liegen unsere Potenziale und wo unsere Schattenseiten?

---

[74] vgl. Roethlisberger, Linda: Der sinnliche Draht zur geistigen Welt. Ein Lehrbuch zur Entfaltung der medialen Anlagen und der eigenen Persönlichkeit. 5. Aufl. Heinrich Hugendubel Verlag. München. 2006. S. 321.

Ein auf Farben basierendes Orientierungssystem ist in anderen Bereichen unseres Lebens nichts Neues. Der Architekt Arup Mijksenaar hat etwa für das Leitsystem am Flughafen in Amsterdam als zentrale Orientierungshilfe verschiedene Farben verwendet. Alle gelben Schilder enthalten Informationen über Abflüge und Ankünfte. Die blauen Zeichen führen zu Shopping- und Restaurant-Bereichen. Die antrazit-farbigen weisen auf Warte- und Ruheräume hin und die grünen kennzeichnen die Notausgänge. In der Fachsprache heißt das auch Colour Coding. Denn jede Farbe hat eine ganz spezielle Bedeutung, einen Code.

Nehmen wir dieses Colour Coding nun als Analogie für die menschliche Aura. Wenn jemand sagt, er sieht rot, dann heißt das, dass er gleich aggressiv wird. Wenn jemand bei einer Sache „grünes Licht gibt", dann hat er ein gutes Gefühl dabei. Er hat keine Angst, dass etwas schief gehen könnte. Wenn jemand alles durch die rosarote Brille sieht, dann sieht er in allem die ideelle, positive Seite. Ein Visionär glaubt beispielsweise an die Realisierbarkeit eines Bootes, das tausend Meilen unter dem Meer fahren kann. Und alle anderen meinen, dass er die Lage mit einer rosaroten Brille betrachtet. Wir sehen, sogar in unserer Umgangssprache finden wir ein Coding unseres Empfindens, unserer Einstellung, unseres Bewusstseins vor.

Es wird vielfach behauptet, das menschliche Aura-System, also das Colour Coding des menschlichen Bewusstseins, stamme von den Hindus ab. Das stimmt so nicht ganz. Zwar gibt es in der hinduistischen Kultur tatsächlich eine sehr differenzierte Aura-Lehre, bei der die verschiedenen Bewusstseinsebenen bestimmten Farben zugeordnet wurden. Aber so etwas wie ein Aura-System, d.h. ein System der menschlichen Ausstrahlung, finden wir in allen großen religiösen Traditionen. Ken Wilber nennt dies die „Große Kette des Seins".[75] In ihr werden die einzelnen Entwicklungsstufen des menschlichen Bewusstseins dargestellt. Jede Religion unterscheidet

---
75  vgl. Luu Hong Khan, in: Der Flug des Quantenschmetterlings. Roethlisberger, Linda (Hrsg.). Via Nova Verlag. 2000.

verschiedene Stufen. Der tibetische Buddhismus spricht von etwa zwölf. Aber egal, wie viele Stufen die einzelnen Religionen unterscheiden, die beiden Enden der Kette sind bei allen gleich. Es ist dies die reine Materie auf der einen Seite und das absolut Göttliche auf der anderen. Auch die Entwicklung von menschlichem Bewusstsein wird in allen Traditionen gleich beschrieben. Sie verläuft vom absolut Göttlichen hinunter in die reine Materie und von dort wieder zurück – also von der spirituellen, violett-purpur-farbenen Bewusstseinsebene hinunter zur irdischen, roten, und wieder retour. Diese Auseinandersetzung mit Bewusstseinsentwicklung nennt sich Philosophia Perennis – ewige Philosophie, denn sie setzt sich mit dem ewigen Sein und Werden des Menschen auseinander. In diese Denktradition der Großen Kette des Seins ist auch die TPM mit ihrer Unterscheidung zwischen emotionaler, mentaler und spiritueller Aura einzureihen. Eine ähnliche Unterscheidung finden wir auch im Christentum in den drei Ebenen von Körper-Seele-Geist wieder.

Jetzt aber genug der Theorie und weiter zum Inhalt des Aura-Reading an der Konferenz „Die Transformation des Religiösen". Ich fragte einen Mann aus dem Publikum, ob es ihm recht sei, wenn ich mich auf seine Aura einlassen würde. Das gehört zu den ethischen Regeln bei der TPM. Ich ließ mich mehr und mehr auf die Ausstrahlung dieses Mannes, nennen wir ihn Andreas, ein. Ich stellte ihm eine Frage zu seiner momentanen körperlichen Verfassung, also zu seiner emotionalen Aura. Ich hatte nämlich den Eindruck, dass er sehr erkältungsanfällig war. Dann wollte ich etwas zu seiner mentalen Verfassung, seiner mentalen Aura, wissen. Ich wollte wissen, ob er sich gerade in beruflicher Hinsicht auf Tätigkeiten spezialisiere, bei denen er seine Kreativität zum Ausdruck bringen konnte. Und zum Schluss stellte ich Andreas noch eine Frage bezüglich seines persönlichen Glaubens, seiner spirituellen Aura. Ich hatte plötzlich den Eindruck, Andreas hätte sich schon länger mit spirituellen Themen auseinandergesetzt. Aber eine Gemeinschaft mit anderen Menschen, mit denen er diese Spiritualität erleben konnte, hatte er bis jetzt noch nicht gefunden, z.B. durch gemeinsame Meditationen oder Gebetsrunden. Andreas schien seine Spiritualität allein zu leben. Und ich hatte den Eindruck, als ob er sich in seinem Glauben gerade in einer wichtigen Entwicklungsphase befinde.

Welches Feedback erhielt ich von Andreas auf meine Intuition? Was seine Spiritualität anbelangte, so gab er mir recht in dem, was ich wahrnahm. Andreas lebte seinen Glauben vorwiegend allein, nicht in Gemeinschaft. Die berufliche Entwicklung, von der ich gesprochen hatte, fand tatsächlich statt. Mehr Platz für Kreativität spielte dabei eine wichtige Rolle. Allerdings fing diese Entwicklung nicht gerade erst an. Sie ging schon einige Monate vor sich. Und wie stand es um die Gesundheit von Andreas? War er anfällig für Erkältungen? Eher nicht, meinte er. Er hatte zwar vor einigen Wochen eine Erkältung gehabt. Aber generell dafür anfällig war er keineswegs. Hier war meiner Wahrnehmung ein Fehler unterlaufen. Aber gerade dieser Fehler wurde zu einem wichtigen Impuls in meiner Entwicklung. Mir wurde klar: „Aha, ich bin es ja eigentlich, der hier einen Hang zur verschnupften Nase hat." Schon längere Zeit machte mir eine chronischen Erkältung zu schaffen. Andreas war für solche Erkrankungen generell nicht anfällig. Da wurde mir klar, dass meine Wahrnehmung umso mehr mit mir zu tun haben müsste. Das wird bei der TPM unter Supervision der eigenen Wahrnehmung verstanden. Intuitionstraining und gleichzeitige Selbsteinschätzung werden möglich[76].

„Sowohl-als-auch" und „Entweder-oder" werden bei dieser Art von Supervision wichtig[77]. Denn Erkältung spielte *sowohl* im Leben von Andreas eine Rolle *als auch* in meinem. Er war vor einigen Wochen erkältet. Ich hatte einen Hang zu chronischem Schnupfen. *Sowohl* bei Andreas *als auch* bei mir fand das Thema „Erkältung" Anklang. Das versteht Joachim Bauer als

---

76 vgl. Roethlisberger, Linda: Die Trilogos-PsyQ®Methode. Mit vernetzten Symbolen zur Selbsterkenntnis. 2006. S. 31f.
77 vgl. Bliemel, Karin: Systeme in Balance. Wege zur Integration durch PsyQ. Ein Beitrag zum „EU-Jahr des Interkulturellen Dialoges" 2008. Trilogos Verlag. Zürich. 2008. S. 60.

ein Beispiel für das Phänomen der Resonanz. Die eine G-Saite wird angeschlagen und die andere beginnt von selbst zu schwingen. Andreas und ich kamen in Resonanz. Sicher, das Thema Erkältung betraf Andreas und mich auf unterschiedliche Weise, denn Erkältung war kein längerfristiges Thema für Andreas, sondern für mich. Hier sieht die TPM eine gute Möglichkeit, die eigene Entscheidungs- und Unterscheidungsfähigkeit zu trainieren und damit radikale Selbstverantwortung. Auf diese Weise können Sie lernen, Ihre Projektionen zurückzunehmen. Sie können lernen, den Unterschied zwischen intuitiver Wahrnehmung und imaginierter Einbildung zu erkennen. Sie können Ihre Verwechslungen erkennen. Eine alternative Form psychotherapeutischer Intervention nimmt hier ihren Anfang. „Im Antlitz des anderen Menschen begegnet uns unser eigenes Menschsein."[78]

Viel habe ich nun über intuitive Empathie berichtet: Welchen Nutzen sie im Alltag bringt, wie sie ein geglücktes Miteinander unterstützt, wie sie durch die TPM entdeckt und trainiert werden kann und wie dadurch die persönliche Entwicklung gefördert wird, vom individuellen Wohlbefinden zum kollektiven. „Die Balance zwischen dem höheren Selbst und dem Ego erachte ich als Grundvoraussetzung für gelingende Beziehungen jedweder Art. Die damit immer einhergehende Schattenintegration ermöglicht eine auf Achtung, Verstehen und Respekt beruhende Kommunikation. Der erfolgreiche interkulturelle Dialog ist abhängig von dieser Art der Kommunikation. [...] Tolerantes Handeln gründet folgerichtig auf dem Glauben, Fühlen und Denken von Verbundenheit und Selbstverantwortung."[79] Aber nur darüber zu schreiben ist zu wenig. Deshalb kommt nun eine TPM-Übung zur menschlichen Aura, zum Colour Coding des Bewusstseins. Sie stammt aus Linda Roethlisbergers Arbeitsbuch „Intuition ist erlernbar".[80] Denn

---

[78] Bauer, Joachim: Warum ich fühle, was du fühlst. Intuitive Kommunikation und das Geheimnis der Spiegelneuronen. Hoffmann und Campe. Hamburg. 2005. S. 115.

[79] Bliemel, Karin: Systeme in Balance. Wege zur Integration durch PsyQ. Ein Beitrag zum „EU-Jahr des Interkulturellen Dialoges" 2008. Trilogos Verlag. Zürich. 2008. S. 60.

[80] Roethlisberger, Linda: Intuition ist erlernbar. Nutzen Sie die spirituelle Kraft im Alltag. Hugendubel Verlag. 2006.

mit ihr können Sie intuitive Empathie trainieren und Ihre Wahrnehmung besser kennenlernen. Was hat das Wahrgenommene auch mit Ihnen zu tun?

## Das Erwachen intuitiver Sinne – medial Farben fühlen

*„Entspannen Sie sich. Lassen Sie Ihre Gedanken zur Ruhe kommen. Sie stellen sich jetzt eine grüne Wiese vor – Sie riechen den würzigen Duft des Grases und vielleicht sogar einzelner Wiesenblumen. Sie spüren das weiche Sommergras unter Ihren nackten Füßen – die Sonne scheint angenehm warm auf Ihren Rücken.*

*Jetzt kommen Sie zu einem kleinen Fluss. Ohne Schwierigkeiten überqueren Sie diesen und gehen ans andere Ufer. Genießen Sie die kühle, erfrischende Luft und das klare Wasser. Alle Sorgen und Verkrampfungen atmen Sie aus und lassen diese symbolisch auf der anderen Seite des Flusses hinter sich.*

*Sie kommen zu einer kleinen, schönen Holzbank. Hier setzen Sie sich und ruhen sich aus. In der Ruhe der Natur, weit weg vom Alltagslärm, beten Sie Ihr Gebet. Sie verbinden sich mit der ewigen Schöpferkraft, mit dem Großen Geist, und wissen sich geschützt, geborgen und geführt in dieser Kraft. Hier sind Sie auch bereit, Ihren Helfer aus der geistigen Welt wieder zu treffen. Indem Sie sich öffnen und an diese gute, bedingungslose Kraft glauben, wird ein Kontakt möglich. Es gibt eine herzliche Begrüßung. Sie sagen Ihrem geistigen Helfer, dass Sie sich sehr gefreut haben, ihn heute wahrzunehmen, zu spüren und zu treffen. Sie glauben an seine Präsenz. Wie fühlt sich die Ausstrahlung Ihres geistigen Helfers an? Können Sie vielleicht sogar seinen ganz persönlichen Duft medial riechen? Vertrauen Sie Ihrem inneren Wissen, Ihrer Intuition.*

*Ihr Helfer überrascht Sie jetzt mit einer Farbe. Er hüllt Sie symbolisch mit der ganzen Farbe ein – Sie lassen sich damit volllaufen und auffüllen, wie ein leeres Gefäß. In und um Sie herum erleben und spüren Sie jetzt*

*Ihre Farbe. Sie nehmen ein entspannendes Bad in dieser wunderschönen Farbe. Wie fühlt sich Ihre Farbe an? Wie heißt sie? Merken Sie sich gut, was Ihnen in diesem ganz speziellen Farbbad in diesem Moment in den Sinn kommt. Fühlen Sie sich in Ihre Farbe hinein. Ohne sie zu sehen, wollen Sie nur auf das Gefühl achten, das Ihnen diese Farbe vermittelt. Sie lassen sich wie ein leeres Gefäß mit dieser Farbe volllaufen, Ihr ganzer Körper genießt diesen Gefühlseindruck. Sie werden sich bewusst, dass Sie Farben nicht nur optisch wahrnehmen, sondern ihre Schwingung auch fühlen und dadurch erleben können.*

*Wenn Sie diese Fantasiereise in der Gruppe machen, dann experimentieren Sie ein wenig mit Ihren Farben: Jeder sendet nun seine eigene Farbe nach rechts im Kreis herum, und langsam beginnen Sie die Farben jedes Teilnehmers wahrzunehmen. Sie beginnen eine Art Regenbogen zu fühlen. Wie mit einem starken Farbband fühlen Sie sich verbunden. Ihr Körper stärkt sich und saugt alle Farben in sich auf, die er in diesem Moment als wohltuend erlebt. Welche Farben fühlen Sie?*

*Lassen Sie nun alle Farben symbolisch über Ihren Kopf hinaussteigen – so dass alle Farben sich in ein helles, neutrales Licht auflösen können.*

*Dann wird es wieder Zeit, sich beim geistigen Helfer zu bedanken und zu verabschieden. Langsam kommen Sie über den Fluss und die Wiese zurück, langsam lassen Sie Ihren physischen Körper wieder erwachen."*[81]

Im Anschluss an die Übung können Sie sich fragen, was Ihre wahrgenommene Farbe wohl mit Ihnen zu tun hat. Sollten Sie die Übung in einer Gruppe gemacht haben, dann können Ihnen auch die anderen wertvolle Impulse und Assoziationen schenken. „Es gibt so viele Interpretationen der Wahrheit wie Menschen."[82] Dann überprüft jeder, welche Farben er von seinem Nachbarn wahrgenommen hat. Hat es gut funktioniert? Hat

---

81 Roethlisberger, Linda: Intuition ist erlernbar. Nutzen Sie die spirituelle Kraft im Alltag. Hugendubel Verlag. 2006. S. 81f.
82 Roethlisberger, Linda: Die Trilogos-PsyQ®Methode. Mit vernetzten Symbolen zur Selbsterkenntnis. Peter Lang Verlag. Frankfurt a. M. 2006. S. 68.

jemand statt Orange Gelb wahrgenommen? Oder statt Indigo Blau? Das ist ja schon ein gutes Zeichen. Denn so weit daneben ist das gar nicht. Auf alle Fälle ein gelungener Start beim *Sich-Einfühlen* in jemand anderen. Zum Schluss nimmt sich jeder die Farbe vor, die er für seinen Nachbarn wahrgenommen hat, und fragt sich: „Was könnte diese auch mit mir zu tun haben?"

# Transszendenz und Erinnerung

## Vom Toten im Schnee

*„Und dieses ist Erinnerung an jenes, was einst unsere Seele gesehen hat, als sie zusammen mit dem Gott unterwegs war und hinaussah über das, was wir jetzt für die Wirklichkeit halten."* [83]

PLATON

Ich befand mich in einer kleinen Waldkapelle. Sie war umringt von schroffen, steilen Bergen, auf deren Gipfeln der Schnee lag. Ich kannte diesen Ort und war schon öfter dort. In ihrer Schlichtheit verströmte die Kapelle eine tiefe, klare Stille. Sie hatte etwas Beruhigendes an sich. Auf einmal war mir, als ob ich von weitem her Orgelmusik hören würde. Nicht vom nächstgelegenen Bauernhof, nicht vom Tal hinter den Bergen, sondern Töne aus einer anderen Welt. Ich lauschte den eigenartigen Akkorden und Harmonien, da erschien ein Mann neben mir. Jung sah er aus, vielleicht 32 Jahre alt. Ohne ein Wort zu verlieren, bat er mich nach draußen. Ich folgte ihm. Er trug Bergsteigerkleidung, Bergschuhe, Gletscherbrille, ein kariertes Hemd. Als wir vor die Tür traten, lag eine eigenartige Stimmung in der Luft. Die Strahlen der Sonne verschwanden hinter einer großen Wolke. Zwielicht. Ich sah auf den Berg, hinter dem die Wolke auftauchte. Schneebedeckte Hänge, eine Hütte und einen Sturm, der gerade aufzog, konnte ich glasklar erkennen. Gestochen scharf sah ich, was am Berg passierte, und ich wurde das Gefühl nicht los,

---

83   Platon: Phaidros, 249 b 8 ff. „Platons Werke*', Bd.5, 85, übersetzt von Friedrich Schleiermacher.

dass sich gerade die Vorboten eines Unglücks bemerkbar machten. Der Mann neben mir begann zu erzählen. Einige Jahre zuvor sei er selbst oft in den Bergen gewesen. Klettern, Skitouren, alles Mögliche machte er dort. Hauptsache war, ans Limit zu gehen oder darüber hinaus. Weiter als die anderen, besser zu sein als sie. Es ihnen zu zeigen. Ihnen zeigen, was er für ein Held war. Das war ihm wichtig. Arrogant sei er dabei geworden und überheblich, meinte er. Am Berg ist das gefährlich. Zu schnell, zu leichtsinnig geht man Risiken ein. Und plötzlich konnte ich es erkennen, das Unglück oben am Berg, das sich anbahnte. Ich konnte erkennen, wie der Mann, der neben mir stand, da oben in den Tod stürzte. Es hätte nicht passieren müssen, meinte er. Man habe ihn gewarnt, mehrmals sogar. Aber er wollte nicht auf andere hören, zu stolz sei er dafür gewesen. Heute würde er das sehr bereuen, denn er habe sein Leben dem Ruhm und der Anerkennung geopfert. Dieser Preis sei zu hoch gewesen. Er meinte, ich solle jemandem einen Gruß ausrichten, den ich kenne. Ich soll ihm sagen, dass der Mann nun fleißig dabei sei, seine Lektionen zu lernen, die er vorher verweigert hat. Und er möchte sich entschuldigen bei der Familie jenes Menschen, dem ich den Gruß ausrichten soll. Dann verabschiedete er sich.

Ich erwachte. Es war später Nachmittag an einem lauen, sonnigen Samstag im Mai. Ich befand mich mit anderen Teilnehmenden in der Stufe 1 der TRILOGOS-Grundschulung in Wien. Jeder von uns reckte und streckte sich, gähnte etwas, nach einer intensiven Bilderreise. Das im Traum Erlebte wurde notiert. Der Raum, in dem wir saßen, war von Ruhe erfüllt. Dann begann einer von uns zu erzählen, was er während der Bilderreise wahrgenommen hatte. Die anderen hörten ihm zu, assoziierten zu seinen Traumsymbolen, stellten ihm Fragen, die er mit Ja oder Nein beantwortete. Bis er eine Idee davon hatte, was das in der Bilderreise Wahrgenommene mit ihm zu tun haben könnte. Dann war der nächste dran. Nacheinander beschrieb jeder seine inneren Wahrnehmungen. Als ich an der Reihe war, erzählte ich über meine Begegnung in den Bergen. Als ich damit fertig war, fragte ich Paul, einen Übungsteilnehmer, der mir gegenübersaß, ob er einen Mann kannte, auf den diese Beschreibung passte. Er sah zuerst mich an, dann auf den Boden. Nach einer Weile des überlegten Schweigens begann er zu reden. Ja, er kannte diesen Mann. Es sei ein Freund von ihm gewesen. Ungefähr im Alter von 30 sei er tödlich verunglückt. Am Berg, durch eine Lawine. An dem Tag, als es passierte, war die Schneesituation sehr riskant. Jeder riet ab, eine Tour zu unternehmen. Die Ratschläge wurden in den Wind geschlagen. Wie aus Trotz wählte der ehemalige Freund eine Abfahrt, die auch bei sicheren Bedingungen recht heikel war. Dann passierte es. Eine Lawine ging ab. Er konnte nur mehr tot geborgen werden. Paul meinte, dass sein Freund tatsächlich recht arrogant gewesen sei. Und der Drang, der Beste zu sein, sei unverkennbar gewesen. Das habe ihn dann sterben lassen. Aus heutiger Sicht blicke Paul mit einem weinenden und einem trockenen Auge auf die gemeinsame Zeit zurück. Natürlich war der Verlust groß, aber es gab noch etwas anderes, das immer noch irgendwie zwischen den beiden stand, doch nie aufgearbeitet werden konnte. Pauls Mutter und sein Freund hatten ein Verhältnis miteinander. Der Vater war deswegen kurz davor, die Scheidung einzureichen. Aber nicht nur für ihn, für alle in der Familie war das damals keine leichte Zeit. Paul verstand die Entschuldigung, er nahm sie an. Sie half ihm, sich innerlich mit seinem alten Freund auszusöhnen und ihm ein Stück mehr zu vergeben.

Stille herrschte im Raum. Gebannt stellten wir uns die Frage: *Kann es ein Leben nach dem Tod geben, ist diese Bilderreise ein Beweis dafür?* Aus vielen Begegnungen mit Menschen weiß ich, dass Erlebnisse solcher Art keine Seltenheit sind. Viele haben z.B. schon einmal im Traum ihren verstorbenen Großvater getroffen oder andere Verwandte. Einige hatten auch schon einmal den Eindruck, dass ein Verstorbener sie in ihrem Alltag, z.B. während des Abwaschens, besuchen kommt. Es gibt eine Fülle an Material, die Erlebnisse wie diese bestätigen. In der trilogischen Fachsprache heißen diese übrigens *Kontakt zu einem Nichtinkarnierten Bewusstseinsimpuls*. Aber gibt es Beweise für solche Kontakte? Oder für die Existenz solcher *Nichtinkarnierter Bewusstseinsimpulse*?

Wir haben es schon in der Geschichte über die Meerenge von Paul Watzlawick gesehen. Jeder schifft durchs Meer des Lebens. Jeder schafft sich seine Welt in der Welt, jeder sein eigenes Universum im Universum. Der eine glaubt an die Erschaffung der Erde in sieben Tagen, der andere an ein fliegendes Spaghetti-Monster[84]. Manche glauben an einen strafenden Gott, manche an gar keinen. Wir können es drehen und wenden, wie wir wollen, wir alle glauben an etwas. Wir können nicht nicht glauben[85]. Denn sogar der, der an nichts glaubt, glaubt an etwas, nämlich ans Nichts. Immer, wenn wir zu wissen glauben, wie die Welt, in der wir leben, funktioniert, wissen wir es eigentlich nicht, sondern wir glauben es zu wissen. Das ist der Trick, den es zu beachten gilt. Das trifft natürlich auch für ein Leben nach dem Tod zu. Manche glauben daran, manche nicht. Weder das eine noch das andere kann endgültig bewiesen werden. War also jetzt meine Wahrnehmung des am Berg Verunglückten reine Einbildung? Nein, das war sie gewiss nicht. Denn das von mir Wahrgenommene kam in Resonanz mit Paul. Er konnte sich darin wiederfinden, konnte konkrete Bezüge zu seinem Leben herstellen. Er konnte einen Teil seiner eigenen Geschichte darin erkennen, der noch nicht ganz erlöst war. Das gab mir Feedback auf meine intuitiv wahrgenommenen Impulse. War es also doch ein Beweis für ein Leben danach? Lassen Sie mich dazu eine Gegenfrage stellen: Handelte es sich bei meiner Wahrnehmung um einen Kontakt zu einem Verstorbenen oder um eine Erinnerung an ihn? Um eine Art von Erinnerung handelt es sich auf alle Fälle, denn der Freund ist tatsächlich gestorben. Aber woher kommt diese Erinnerung? Fragen dieser Art lassen sich nicht endgültig beantworten, weil sie in den Bereich des Glaubens fallen. Und Glauben hat nicht so sehr mit Wissen zu tun, sondern mit Vertrauen. Vertrauen heißt offen sein für Neues, um sich davon berühren zu lassen. Für Paul war es deshalb auch nicht in erster Linie wichtig, ob ich jetzt mit seinem verstorbenen Freund kommunizierte oder eine Erinnerung von ihm

---

84 vgl. Henderson, Bobby: Das Evangelium des Fliegenden Spaghettimonsters. Manhattan-Verlag. 2007.
85 Weiss, Michael: Wir können nicht nicht glauben. Trilogos Verlag. Zürich. 2008.

wahrnahm. So oder so wurde er von meiner Wahrnehmung berührt. Ein inspirierender Funke sprang auf ihn über, mit dem er nochmals Licht in einen eher schattigen Lebensabschnitt bringen konnte. Das Thema „Tod" steht in unserer Gesellschaft noch immer auf dem Abstellgleis. Alles, was damit zusammenhängt, wird gerne abgeschoben, alte Menschen in Heime, Trauer und Ängste ins Unbewusste. Der Tod scheint ein Fremder, der fast, aber eben nur fast, unbemerkt um unsere Häuser schleicht. Viele fürchten ihn. Doch der Furcht ins Gesicht zu blicken kann sie heilen. Genau das ist das Ziel der TPM bei solchen Übungen. Nicht ein Leben nach dem Tod zu beweisen, es soll vielmehr eine Aufforderung sein, sich bewusst mit diesem Thema auseinanderzusetzen und sich selbstverantwortlich zu entscheiden, ob man daran glauben möchte oder nicht.

Übungen und Wahrnehmungen dieser Art fallen bei der TPM in den Bereich der sog. spirituellen Medialität. Von spiritueller Medialität wird bei der TPM erst dann gesprochen, wenn mindestens drei übereinstimmende Merkmale vorhanden sind, z.B. Todesursache, Beruf, Charaktereigenschaften. Denn schon von einer Erinnerung an Ihren verstorbenen Großvater zu sprechen, nur weil ich einen alten Mann mit grauen Haaren wahrnehme, scheint etwas zu vermessen. Noch einmal sei hier auf die Selbstverantwortung verwiesen, die wir hier tragen. Wir entscheiden selber, was wir glauben wollen und was nicht.

Wie gesagt, das Kommunizieren mit Verstorbenen kann nicht eindeutig bewiesen werden. Aber dennoch finden wir seit Tausenden von Jahren Ansätze und Rituale in den verschiedensten Kulturen dazu[86]. Alle Weltreligionen predigen ein Weiterleben nach dem Tod, wenn auch auf gänzlich unterschiedliche Weise[87]. Die Philosophia Perennis als der in allen Religi-

---

86 vgl. Zürrer, Ronald: Reinkarnation. Die Wissenschaft zur Seelenwanderung. Sentient Press. Zürich. 1992.
87 vgl. Head, Joseph, Cranston, S. L. (Hrsg.): Reincarnation. An east-west Anthology. The Theosophical Publishing. Wheaton, Illinois. 1981.

onen und Weisheitslehren vorhandene Weg zur Erleuchtung und Erlösung ist ein besonderes Beispiel dafür. Denn die persönliche Entwicklung über die Lebensspanne hinweg steht dabei im Mittelpunkt[88]. C.G. Jung, der als Begründer der transpersonalen Psychologie gilt, sah das ähnlich[89]. Für ihn handelt es sich bei Erlebnissen wie dem mit Pauls Freund um Kontakte zur Ebene der Archetypen, zum kollektiven Unbewussten[90]. Diese können den Individuationsprozess eines Menschen fördern. Studien mit Meditierenden zeigten, dass das Wahrnehmen von transzendenten Wirklichkeiten und Symbolen positive Effekte auf die körperliche Verfassung eines Menschen hat[91]. Nicht nur Entspannung kann eintreten, auch Herzrhythmus und Blutdruck können dadurch reguliert und ausgeglichen werden.[92] Somit ist zwar ein Weiterleben nach dem Tod noch nicht nachgewiesen. Aber es ist statistisch belegt, dass das Wahrnehmen innerer Bilder und Symbole mit transzendenten Inhalten sich wohltuend auf die persönliche Entwicklung eines Menschen auswirken kann. Ich gebe Ihnen ein einfaches Beispiel dafür. Stellen Sie sich einen Lichtstrahl vor, der vom Himmel auf Sie fällt. Sanft hüllt er Sie von Kopf bis Fuß ein. Der Lichtstrahl steht symbolisch für die Verbindung zwischen Ihnen und dem Göttlichen. Visualisieren Sie dieses Bild. Versenken Sie sich darin, meditieren Sie, lassen Sie sich davon berühren. Sie können dabei in Ihrer Wahrnehmung über sich selbst hinausgehen, d. h., Sie haben das Gefühl, mit etwas in Kontakt zu sein, das größer ist als Sie. Wenn Sie durch dieses Symbol Entspannung und

---

88 vgl. Luu Hong Khan: Die Große Kette des Seins. Spiritualität von der Prämoderne zur Postmoderne. : 39f. In: Roethlisberger, Linda: Der Flug des Quantenschmetterlings. Impulse zur Verantwortung des einzelnen für das Ganze. Verlag Via Nova. Petersberg. 2000. S. 37 – 62.
89 vgl. Gissrau, Barbara: Selbstbilder – Ichbilder. Trilogos Verlag. Zürich. 2008. S. 26. Weiters: Coward, Harold: Karma and Rebirth in Western Psychology. In: Neufeldt, Ronald W. (Ed.): Karma & Rebirth. Post Classical Developments. State University of New York Press. New York. 1986. S. 257 – 265.
90 vgl. Jung, C.G.: Psychological Commentary on The Tibetan Book of the Dead. Collected Works 11. Princeton University Press. 1969. S. 517.
91 vgl. Coward, Harold: Karma and Rebirth in Western Psychology. In: Neufeldt, Ronald W. (Ed.): Karma & Rebirth. Post Classical Developments. State University of New York Press. New York. 1986. 270f.
92 vgl. Green, Elmer E., Green, A.M, Walter, E.D.: Voluntary Control of Internal States: Psychological and Physiological. Journal of Transpersonal Psychology, 2. 1970. S. 1 – 26.

Vertrauen empfinden können, dann hat es bei Ihnen genau das ausgelöst, was es auch bei vielen anderen tut. Die TPM nützt transpersonale Symbole und Bilder dieser Art für die persönliche Entwicklung von Menschen. Wie ist das gemeint? Nun, Sie könnten jetzt etwa Ihr Bild vom göttlichen Lichtstrahl nehmen und mit anderen vergleichen, die auch diese Übung gemacht haben. Sie werden dabei etwas feststellen. Die Wahrnehmung dieses Lichtstrahls, die Landschaft, in der man sich befand, die Gefühle, die dabei auftauchten, werden bei jedem ein bisschen anders sein. Hier stellt die TPM an Sie die Frage: „Was hat das, was Sie wahrgenommen haben, auch mit Ihnen zu tun?" Dadurch können Sie Bezüge zu Ihrem SQ, EQ und IQ, also zu Ihrem PsyQ, herstellen. Wenn Ihr Lichtstrahl dünn war und immer wieder abgerissen ist, ist das vielleicht ein Zeichen, dass Sie sich mit den Themen „Vertrauen" und „Geborgenheit" schwer tun. Hat Spiritualität in Ihrem Leben wenig Platz, weil Sie mehr IQ-lastig sind? Halten Sie Ihre Gefühle gern in Schach? Die TPM nützt transpersonale Symbole für eine integrale Selbstreflexion. Eine Transformation des Bewusstseins und der ganzen Persönlichkeit (glauben/vertrauen, fühlen, denken) kann gefördert werden. Dieser Zugang zu transpersonalen Ebenen ist bisher einzigartig.

Das klingt gut. Aber funktioniert das auch so einfach? Sehen wir uns das anhand der Geschichte von Pauls Freund, dem Toten im Schnee, an. Paul war berührt von meinen wahrgenommenen Impulsen. Er konnte dadurch Licht in eine dunkle Ecke seines Kellers bringen, seinen Ängsten ins Gesicht blicken. Das ist die eine Seite. Über sie haben wir schon gesprochen. Die andere aber ist: Was hat das Wahrgenommene, was hat der Tote im Schnee auch mit mir zu tun? Denn letztlich war es *meine* Wahrnehmung. Für sie habe ich auch die Verantwortung zu übernehmen. Was wurde mir durch dieses Bergunglück bewusst? Zum Zeitpunkt, als ich diese Geschichte erträumte, ging auch ich oft in die Berge. Das tue ich heute auch noch. Aber es gibt einen wesentlichen Unterschied. Damals wollte auch ich durch meine waghalsigen Aktionen vor anderen Eindruck machen. Ob mir das immer gelang, sei dahingestellt. Wie immer zählt die Absicht. Als ich auf diese Weise die Geschichte von Pauls Freund betrachtete, musste ich mir die Fragen stellen: Wie sieht es denn mit meinem Narzissmus aus? War nicht auch ich ein Mensch, der gerne vor anderen glänzte und im Mittelpunkt stand? War nicht auch ich jemand, der dachte, er müsse regelmäßig Entsprechendes leisten, um seinen Ruf aufrechtzuerhalten? Gewiss doch. Aber bewusst war es mir bis dahin noch nicht. Deshalb hat mich das innere Erleben des Bergunglücks von Pauls Freund betroffen gemacht. Ich erkannte dadurch etwas Wesentliches in meinem Verhalten. Es zeigte mir, wie hoch der Preis für Anerkennung sein konnte. Muss das wirklich sein? Wofür ist diese Anerkennung gut? Ein narzisstischer Mensch möchte durch entsprechende Leistungen das Wohlwollen und den Zuspruch von anderen bekommen. Denn dadurch, glaubt er, können die anderen erkennen, wer er wirklich ist, z.B. ein erfolgreicher, gut aussehender, draufgängerischer Sportler. Dafür bekommt er Applaus. Dafür wird er geliebt. Nur eines bedenkt er nicht. Es geht zwar um Liebe, aber um Liebe für Leistung. Es gibt viele Beispiele von Profisportlern, die durch einen Unfall ihre Karriere beenden mussten und dann in eine Depression fielen. Sie bekamen den Zuspruch, die Bewunderung der anderen nicht mehr. Das machte sie krank. Ihre Existenzkrise war geprägt von der Frage: „Wer bin ich und was bin ich wert, wenn ich kein Profisportler mehr bin? Wer bin ich, wenn ich nichts leiste, sondern einfach nur so bin, wie ich bin?" Diese Frage hatte nun auch ich mir zu stellen. Und ich würde keine Antwort darauf finden, wenn ich nach meinem bisherigen Verhaltensmuster weiterleben würde. Transformation schien notwendig, schien die Not zu wenden. Natürlich hatte ich schon vorher vom Begriff des Narzissmus gehört. Ich wusste, was er bedeutete. Aber das hat mich nicht zum Umdenken angeregt. Doch das innere Erleben von Pauls Freund und der Geschichte, die er mir erzählte, haben mich betroffen gemacht. Jetzt wollte ich etwas an mir ändern, ich war motiviert.

Diese Ausführungen zeigen, wie die TPM transpersonale Wahrnehmungen nutzt. Nicht die Frage, ob es ein Leben nach dem Tod gibt, steht an erster

Stelle. Die Frage ist vielmehr: Was können Sie aus solchen Erlebnissen über sich selbst, Ihr Denken, Ihre Gefühle, Ihre Einstellungen und Überzeugungen, Ihre Intuition sowie Ihr Verhalten lernen? Und diese Fragen bleiben auch nicht aus, selbst wenn Sie innerlich jemanden wahrgenommen haben, aber keiner der anderen Übungsteilnehmenden ihn erkennen kann. Selbst wenn niemand sagt: „Das ist mein Onkel" oder „Das war ein Schulkollege von mir" etc., selbst dann können Sie sich fragen: „Was hat diese innerlich wahrgenommen Person mit mir zu tun – was kann ich durch sie lernen? Ist es ihr Charakter, sind es ihre Lebensumstände, eine bestimmte Botschaft von ihr?" Die TPM koppelt transpersonale Wahrnehmungen auf erlebbare Weise mit integraler Selbstreflexion. Und das macht sie avantgardistisch. Für das, was Jung theoretisch mit den Archetypen und dem höheren Selbst beschrieben hat, bietet die TPM nun eine praktische Methode und Diplomschulung an[93]. Der Polarstern beginnt auf einem transzendenten Himmel zu erstrahlen. Transpersonale Zeichen auf dem Individuationsweg können gefunden, auch narzisstische Hürden auf dem Pfad der Tugend zur Eudaimonia überwunden werden. Wer im Narzissmus verharrt, läuft Gefahr, egoistisch zu werden. Er beginnt Umstände und Menschen zu seinen Gunsten auszunutzen. Nicht weil er böswillig ist, sondern weil er Angst hat, zu wenig Aufmerksamkeit und Zuwendung zu bekommen. Viele Menschen scheinen heute an dieser Angst zu leiden[94]. Somit lautet die Frage: Wollen wir die Symptome dieser Angst bekämpfen oder sie in ihren Wurzeln transformieren?

---

93 vgl. Gissrau, Barbara: Selbstbilder – Ichbilder. Trilogos Verlag. Zürich. 2008.
94 vgl. Miller, Alice: Das Drama des begabten Kindes. Und die Suche nach dem wahren Selbst. Suhrkamp Verlag. Frankfurt a. M. 1983.

# Seelenwanderungen und Archetypen

## Von der Witwe im Fjord

*„Quantenwellen sind wie die Platonischen Archetypen, die im transzendenten Bereich des Bewusstseins existieren, und die Teilchen, die sich auf unsere Beobachtung hin manifestieren, die immanenten Schatten an der Höhlenwand."*[95]

AMIT GOSWAMI

Es geschah in einer Zeit, in der Elektrizität noch nicht erfunden war, in einer Gegend, wo die Menschen in Hütten lebten, auf deren Dächern Gras wuchs. Es lebte dort eine alte Frau, sie war Witwe und sicher über 70. Man merkte dies an der gebückten Haltung ihres Körpers, auch an der ledrigen Haut in ihrem Gesicht und der Gelassenheit, die sie dem Leben gegenüber hatte. Zähne hatte sie auch nicht mehr viele. Doch das war damals normal. Auch Jüngere liefen schon zahnlos umher.

Das Dorf, in dem die alte Frau wohnte, lag am Meeresufer in einem Fjord. Berge umgaben es und das Klima war rau. Die Bewohner lebten von der Landwirtschaft. Rinder und Ziegen weideten auf den umliegenden Hängen, denn der Boden war fruchtbar und saftiges Gras wuchs dort. Almblumen dufteten würzig und gemächlich stieg der Rauch aus den Schornsteinen der Hütten. Eine friedliche, in sich ruhende Kulisse bot sich hier.

---

95  Goswami, Amit: *Das bewusste Universum.* Lüchow Verlag. Stuttgart. 2007. S. 88.

Die Witwe lebte allein in ihrer Hütte. Sie war bescheiden eingerichtet. Die Öffnung war mit einem Rinderfell verdeckt. Türen gab es keine. Im Inneren befand sich rechterhand eine schmale Pritsche aus Holz. Decken und Felle lagen darüber, auf der die Frau schlief. Davor ein paar mittelgroße Kisten, gefüllt mit allerlei. Gegenüber vom Eingang befand sich der Herd neben dem Kopfende der Pritsche. Links lagerten Essensvorräte, getrocknete Kräuter, ein Wassereimer sowie andere Kochutensilien. Der Boden war aus Lehm. Wenn es stark regnete, konnte es passieren, dass Bäche aus den umliegenden Hängen überliefen und so das Wasser auch den Weg in die Hütte der Witwe fand.

Man würde meinen, die Witwe verbrachte ihr Dasein unter sehr armen Verhältnissen. In gewisser Weise stimmte das auch. Jedoch aus einer anderen Perspektive betrachtet, war sie reich. Sie konnte die Natürlichkeit und Einfachheit ihres Lebens genießen. Wünschen wir uns das nicht auch manchmal – Natürlichkeit und Einfachheit? Die Witwe trat gern vor ihre Hütte, um den angenehmen Duft der Bergblumen zu riechen. Sie musste sich nicht vor oder für jemanden verstellen, konnte so sein, wie sie war. Wenn schwierige Zeiten kamen, bewahrte sie Ruhe.

So geschah es einmal, dass ein großes Unwetter prophezeit wurde. Die Bewohner des Dorfes verließen aus Angst vor einer Überflutung ihre Hütten und flüchteten. Nur die alte Witwe blieb, wo sie war. Es wäre ihr nicht schwergefallen mitzukommen. Aber sie dachte, was sollte sie flüchten. Einen Neuanfang müsste sie so oder so wagen, entweder hier im Dorf, wo sie wieder alles aufbauen müsste, oder im Jenseits, wenn sie durch die Flut sterben würde. Ersteres kam ihr sehr mühsam vor, zweiteres dagegen schon fast natürlich. Und irgendwie wurde sie das Gefühl nicht los, dass das Dorf nicht weggeschwemmt werden würde. Vielleicht würde es Hochwasser geben, aber nicht höher als bis zu den Knöcheln. Vertrauend auf das, was ihr ihre innere Stimme sagte, blieb sie in ihrer Hütte. Und sie sollte Recht behalten. Ein Unwetter brach herein und sie musste einige Tage in ihrer

Hütte zubringen. Doch es kam keine große Flut, sondern nur eine, die bis an die Knöchel reichte. Und das Dorf wurde auch nicht wegrissen. Die alte Witwe brachte das zum Schmunzeln und bestärkte sie in ihrem Vertrauen ins Leben. Während der Zeit, als die anderen Dorfbewohner nicht da waren und sie alleine war, fühlte sie sich aber nicht einsam. Sie genoss die Stille und Leere im Dorf. Insgeheim freute es sie, dass sie eine solche ruhige Zeit hier erleben durfte. Diese alte Frau nahm die Dinge, wie sie kamen, und hatte dennoch Zuversicht. Sie konnte die Zweifel zur Seite legen und ihr Leben so genießen, wie es war. Sie hatte Freude an ihrem täglichen Tun und Schaffen. Sie tat, was sie wollte, war selbstbestimmt und zufrieden.

Vielleicht werden Sie jetzt fragen, in welchem Film diese Szenen vorkommen. Es handelt sich dabei um keinen Film im herkömmlichen Sinn, der im Fernsehen ausgestrahlt wurde, sondern auf meinem inneren „Monitor". Mentales Kino, könnten wir sagen. Es geschah, wie Sie wahrscheinlich schon vermuten, während einer Bilderreise. Ich war gerade dabei, einige Module der TRILOGOS-Grundschulung zu wiederholen. Bei besagter Bilderreise sah ich mein Höheres Selbst in einer großen Steinhalle, die sich tief unten in einem Berg befand. Es waren Leute darin, aber ich redete mit niemandem, weil Musik gespielt wurde und es so zu anstrengend gewesen wäre, in ein Gespräch zu kommen. Die Musik war aber nicht unangenehm oder zu laut. Auf der einen Seite der Halle wurden Filme an die Wand projiziert. Das Ganze erinnerte mich an eine Veranstaltung mit Audio- und Videoinstallationen. Mein Höheres Selbst bediente den Filmprojektor. Es war sozusagen für die ganzen Bild- und Tonarrangements verantwortlich. Als ich mich auf die projizierten Bilder und Filme auf der Wand konzentrierte, spielte es plötzlich jene Szenen von der alten Witwe ab. Und ich sah den Film aus der Perspektive der Witwe, wurde sie selbst.

Das alles ist eigentlich für eine Bilderreise nichts Außergewöhnliches. Außer, dass ich nicht nur außenstehender Betrachter war, sondern alles aus den Augen der Witwe wahrnahm. Eine Kleinigkeit muss ich aber noch hinzufügen. Die Bilderreise sollte als *Blick zurück*, als sogenannte Rückführung in ein früheres Leben dienen. Ein Blick in die Vergangenheit, um die Lebensumstände im Hier und Jetzt besser zu verstehen, um schlechtes Karma oder noch Unerlöstes erlösen zu können. Eine Rückführung in ein früheres Leben? Wie ist das zu verstehen? Es ist symbolisch zu verstehen, genauso wie auch die Erinnerungen an Verstorbene. Sonst ergibt es keinen Sinn, driftet ins Esoterische ab. Das wollen wir nicht. Sehen wir uns den Begriff Karma deshalb näher an.

Karma kommt aus dem Sanskrit und bedeutet so viel wie Ursache und Wirkung oder Tat, welche eine Folge zeitigen wird, und zwar im Guten wie im Schlechten. Diese Folge muss nicht unmittelbar nach der Tat stattfinden. Sie kann auch erst in einem späteren Leben zutage treten. Eine metaphorische Analogie dazu wäre, wenn Sie in der Schule Französisch gelernt haben und es nach dem Abitur nicht unmittelbar brauchen. Sie sprechen diese Sprache nicht, weil Sie nicht nach Frankreich fahren. Auch Franzosen zählen nicht zu Ihrem Freundeskreis. Aber zwei Jahre nach dem Schulabschluss reisen Sie nach Paris. Sie möchten dort für einige Monate arbeiten. Die Folge Ihrer sprachlichen Ausbildung ist, dass Sie schneller die Sprache der Einheimischen beherrschen lernen, als wenn Sie noch nie in Ihrem Leben Französisch gelernt hätten. Erweitern wir diese Idee von Karma auf mehrere Leben. In Ihrer jetzigen Inkarnation würden Sie relativ leicht Klavierspielen lernen, wenn Sie in einem früheren Leben ein grandioser Pianist waren. Auch Ihre Vorliebe für Musik könnte dadurch stark ausgeprägt sein. Wenn Sie in einem anderen Leben mit einem Flugzeug abgestürzt sind, kann es sein, dass Sie in Ihrem aktuellen Leben Flugangst haben. Der Wiedergeburtsgedanke findet sich in so gut wie allen Kulturen zu fast allen Zeiten wieder, wenn auch auf unterschiedliche Weise[96]. Tauschen wir das Wort *Karma* durch das Wort

---

[96] vgl. Head, Joseph, Cranston, S. L.: Reincarnation in World Thoughts. A Living Study of Reincarnation in All Ages; Including Selections from the World's Religions, Philosophies and Sciences, and Great Thinkers of the Past and Present. Julian Press. New York. 1969.

*Prägung* aus, so entdecken wir auch in unserem Kulturkreis Ursachen, die über mehrere Menschenleben hinweg Wirkungen erzeugen, etwa die Vererbung von genetisch bedingten Krankheiten, Gesichts- und Charakterzügen, um nur einige zu nennen. Frühere Generationen prägen spätere. Auch kulturelle Prägungen in Form von Traditionen dürfen nicht vergessen werden. Wiedergeburtslehren scheinen teilweise so vielfältig wie die Farben im Malkasten. Manche gehen von einer zeitlichen Abfolge aus, d.h., das vorige Leben beeinflusst das darauf folgende. Andere sehen alle Leben als gleichzeitig existierend. Sie bedingen sich gegenseitig. Manche vertreten die Ansicht, ein Mensch werde mehrere Male wiedergeboren. Andere meinen, ein Mensch lebe nur einmal, aber seine Gefühle würden dann auf andere übertragen. Unerlöste Gefühle aus anderen Leben können so in einem neuen erlöst werden. C.G. Jung, der von einem kollektiven Unbewussten ausging, setzte sich Zeit seines Lebens mit Karma auseinander. Viele seiner Werke scheinen davon geprägt. Er fragt sich dabei unter anderem, ob das Karma, das er lebt, das Ergebnis seiner früheren Existenzen ist oder das Erbe seiner Ahnen[97]. Ob es nun das Karma, die Prägung seiner Vorleben oder seiner Ahnen ist, beantwortet Jung nicht eindeutig. Vielmehr meint er, beides, Vorleben oder Prägungen durch die Ahnen, können im Hier und Jetzt in Form eines Archetypus wahrgenommen werden. Dieser ist im kollektiven Unbewussten gespeichert und kann Brücken zum individuellen Unbewussten schlagen und zu wirken beginnen[98]. In der individuellen Auseinandersetzung mit diesen kollektiven Archetypen sieht Jung den eigentlichen Auftrag der menschlichen Existenz. Den Sinn seines Daseins erkennt der, so Jung, der die Frage oder den Auftrag erkennt, den das Leben an ihn heranträgt[99]. Er sieht das

---

[97] vgl.: Jung, C.G.: Memories, Dreams, Reflections. Ed. by A. Jaffe. Vintage Books. New York. 1965. S. 317.

[98] vgl.: Jung, C.G.: Memories, Dreams, Reflections. Ed. by A. Jaffe. Vintage Books. New York. 1965. S. 318.

[99] vgl. : Coward, Harold: Karma and Rebirth in Western Psychology. In: Neufeldt, Ronald W. (Ed.): Karma & Rebirth. Post Classical Developments. State University of New York Press. New York. 1986.

ähnlich wie Frankl, der meint: „Sinn kann nicht gegeben, sondern nur gefunden werden."[100] Wie können wir aber erkennen, was der Sinn, der Auftrag ist, der spezielle Archetypus, der in uns lebendig werden möchte und mit dem wir uns individuell auseinandersetzen sollen? Z.B. in Form einer Auseinandersetzung mit Machtverhältnissen oder im Umgang mit Ressourcen, dem Praktizieren ethischer Haltungen, in der Konfrontation mit Angst und Verlust, um nur einige zu nennen. Das Leben wird zum Forschungs- und Lernprozess. Mit unserem freien Willen können wir uns entscheiden, wie wir unseren Sinn aus- und erleben. Aber wie können wir ihn erkennen? Indem wir uns auf unser Unbewusstes einlassen? Diesen Prozess bezeichnet Jung als Individuation oder Selbstfindung. Die TPM bietet die Methode, um diesen Prozess zu beginnen und voranzutreiben. Der praktische Alltag wird zum Forschungsfeld. Insofern ist eine TPM-Übung zum Karma eines Menschen kein „Blick zurück". Es ist ein „Blick nach unten", in die tiefen Schichten des Unbewussten, der bis in die transpersonalen, kollektiven Ebenen reicht. Auch hier dient die symbolische Kommunikation als Navigationsinstrument. Auch hier kann Ihnen Ihre innere Stimme mithilfe von Symbolen und Bildern den Weg ins Unbewusste weisen. Gleich dem Polarstern, der Ihnen immer wieder von neuem Orientierung im Dunkel der Nacht bietet, wenn Sie in Ihrem Schiff über den Ozean der Seele reisen.

Auch mit Karma oder Reinkarnation verhält es sich so wie mit Nichtinkarnierten Bewusstseinsimpulsen, dem Göttlichen oder dem Höheren Selbst. Sie können sie nicht beweisen. Aber Sie können gute Gründe finden, um daran zu glauben. Jeder von uns hat sich schon einmal gefragt: „Was ist eigentlich der tiefere Sinn meines Lebens? Woher komme ich, wer bin ich, wohin will ich?" Die Antworten auf diese Fragen sind bei uns Menschen vielfältig. Sie sind meiner Ansicht nach davon abhängig, wie weit sich jemand auf sich selbst und sein Unbewusstes einlassen möchte. Jeder

---

[100] Frankl, Viktor E.: Die Sinnfrage in der Psychotherapie. Piper Verlag. München. 1981. S. 28.

konstruiert sich seine Wirklichkeit und ist selber dafür verantwortlich. Auch die Wirklichkeitskonstruktionen in den Weltreligionen haben sich im Laufe der Geschichte immer wieder geändert. Und so gab es neben dem Buddhismus und Hinduismus auch im Judentum, Christentum sowie Islam Strömungen, die Reinkarnationstheorien vertraten[101].

Sehen wir uns anhand dieser grundlegenden Ideen zum Thema „Karma" die vorhin ausgeführte Bilderreise noch einmal an. Welchen Sinn konnte ich darin erkennen? Auffallend bei den Sequenzen mit der alten Witwe ist, dass es sich dabei um Szenen aus einem Film handelt, den mein Höheres Selbst mir zeigte. Die Symbolik mit dem Filmprojektor finde ich daran interessant. Einerseits kommt mir dabei der Ausspruch „Welcher Film läuft denn bei dir gerade ab?" in den Sinn. Man sagt diesen Spruch, wenn sich jemand gerade daneben benimmt, oder wenn jemand mit seinen Gedanken gerade ganz wo anders ist. Andererseits ist der Zweck eines Projektors, etwas zu projizieren. Das, was er projiziert, heißt, wie der Name schon sagt, Projektion. Was waren es für Projektionen, die mir mein Höheres Selbst bewusstmachen wollte? Welcher noch unbewusst laufende Film war gerade in meiner damaligen Situation eingelegt?

Zum Zeitpunkt, als ich diese Bilderreise machte, stand ich in meinem Leben in einer folgenreichen Umbruchsphase. Das Ausmaß konnte ich damals aber noch nicht abschätzen. Die Idee, nach Norwegen zu ziehen, kam mir zu jener Zeit nicht in den Sinn, geschweige denn, dass ich es schon in irgendeiner Form plante. Im Nachhinein betrachtet finde ich es deshalb umso spannender, dass die alte Frau an einem Fjord lebte. Was

---

101 Im Islam ist es vorwiegend die mystische Richtung des Sufismus, die eine Wiedergeburt des Menschen auf Erden lehrt. Im Christentum wurde bis zum zweiten Konzil von Konstantinopel teilweise der Glaube an die Präexistenz der Seele vertreten und im Judentum wird im Talmud der Begriff der Reinkarnation diskutiert, wenn auch kontrovers. Außerdem gilt Reinkarnation als Teil der Kabbala. Interessant dabei scheint, dass die Reinkarnationslehre in diesen drei Weltreligionen vor allem in ihren mystischen Strömungen Einzug hielt, wenn auch in unterschiedlicher Form. Denn ein mystischer Zugang geht prinzipiell über die reine Interpretation religiöser Schriften hinaus und schließt Erkenntniswege wie Meditation oder Versenkung, die zur Erleuchtung führen sollen, mit ein.

mir am Inhalt dieser Bilderreise gefiel, war der natürliche Lebensstil der Witwe. Sie wirkte ausgeglichen, im Einklang mit ihrer Umwelt. Es gab nichts, das sie ernsthaft aus der Ruhe zu bringen schien. Auch gefiel mir ihre Arbeitsweise. Sie arbeitete viel, baute ihr eigenes Gemüse an, hackte gerne Holz und machte Feuer in ihrem Ofen. Sie sammelte Kräuter, backte Brot, kochte, reparierte. Ihr ganzer Alltag war mit Tätigkeiten ausgefüllt. Und dennoch beklagte sie sich nicht über zu viel Arbeit. Sie nahm es so, wie es kam. In ihrem Rhythmus erledigte sie, was erledigt werden musste. Diese Lebenshaltung kannte ich. Seit Jahren liebte ich es, in die Berge zu gehen und auf Hütten zu leben. Immer wieder bewirtschaftete auch ich mit Freunden für ein paar Wochen im Sommer eine Berghütte. Die Einfachheit und Schlichtheit dort liebte ich. Die Arbeit geht dort nie aus: bald am Morgen aufstehen und Frühstück für die Gäste zubereiten. Nachsehen, ob die Wassertanks noch genügend Wasser haben. Wenn nicht, dann die Leitung bis hinauf zum Gletscher absuchen, wo das Leck ist. Brot backen, Essen kochen, Holz hacken, hinunter ins Tal gehen und frische Vorräte auf die Hütte tragen. Unzählige Tätigkeiten gibt es hier zu tun. Doch nie hatte ich das Gefühl gehabt, es würde anstrengend oder zu viel werden. Nein, es machte mir Freude. Im Tätigsein fand ich Entspannung und Zufriedenheit. Ich konnte die Haltung der Witwe nachempfinden, konnte sie leben. Unter einer Voraussetzung: wenn ich selber in einer Hütte in der Natur lebte. Wenn es dann darum ging, diese Haltung in meinen Alltag zu übertragen, bereitete mir das immer wieder Schwierigkeiten. Was mir auf der Hütte so leicht fiel, nämlich im Tun sein, gelang mir in meinem herkömmlichen Arbeitsumfeld nur begrenzt. Geld verdienen, Ausdauer, Freude am Tun, die Angst, nicht genügend Freizeit zu bekommen, die Einstellung, Arbeit sei prinzipiell etwas Mühsames, die Vorstellung, „richtige" Arbeit sei nur die im Büro, das alles spielte für mich damals eine herausfordernde Rolle. Kurz, hinter dem Thema Arbeit stand für mich ein großes Fragezeichen. Wenn die TPM Beruf, Beziehungen und Gesundheit als die drei Lebensschullehrer bezeichnet, dann war es für mich der Beruf, durch den ich noch am meisten zu lernen hatte.

Als ich dann nach Oslo übersiedelte, stellte sich heraus, wie ruhig und angenehm es hier für mich zu leben war. Viel Natur und Wasser umgibt mich hier, und Oslo liegt an einem Fjord. Das Arbeiten geht mir hier leichter von der Hand. Natürlich gibt es Zeiten, wo es anstrengend und viel ist. In solchen Momenten erinnere ich mich an die alte Witwe. Auf sonderbare Weise kann ich dadurch ruhiger werden, wieder meinen Rhythmus finden und mein Leben in anderem Licht sehen. Arbeiten als Teil des Lebens zu sehen, der gleichwertig mit Einkaufen, Kochen, Sport, Entspannen etc. ist, wird mir mehr und mehr bewusst. Die Grenze zwischen Beruf und Freizeit können sich zusehends auflösen und ich kann Tätigsein an sich schätzen lernen, im Tun sein, den Beruf langsam zur Berufung werden lassen. Das heißt für mich, die Kunst des Alltags zu entdecken. Das lebte die alte Witwe für mich vor. Nun zur entscheidenden Frage von C.G. Jung: Welchen Sinn und welchen Auftrag konnte ich durch die Witwe erkennen? Es war die Auseinandersetzung mit dem Thema „Beruf" und allem, was damit verbunden ist. Es war die Frage, wie ich die Arbeitshaltung der Witwe in die Gegenwart, in meinen Alltag, in diese Zeit übertragen konnte. Die Haltung der Witwe der Arbeit gegenüber hat mich inspiriert. Sie hat mir einen Impuls gegeben, um ein Stück weiter an diesem Thema zu arbeiten. Die Ruhe und Gelassenheit der Witwe in die Gegenwart zu tragen und nicht nur auf einer Hütte zu leben, so lautete für mich der Auftrag. Er hatte etwas zu tun mit Selbstbestimmung und Eigenantrieb. Diese Fähigkeiten wurden bisher von mir im Bereich Beruf nicht gelebt. Durch die Witwe konnte ich dies erkennen und über die Umsetzung lernen.

Mit der Symbolik dieser Bilderreise montierte mein Höheres Selbst weitere Hinweisschilder auf meinem Individuationsweg. Ich bekam eine Richtung und eine Idee, wie ich weiterkam. Die Tatsache, dass ich einige Zeit nach diesem Erlebnis nach Norwegen zog, gab mir weiteres Vertrauen in meine Wahrnehmung. Jetzt, da ich in Norwegen bin, fühle ich mich der alten Witwe sehr nah. Immer wenn ich mich an sie erinnere, kommt mir ihre Lebenshaltung in den Sinn. Dies gibt auch mir Ausdauer und Lebensfreude. Auf diese Weise ist sie karmisch mit mir verbunden. Sie ist ein ursächlicher Impuls aus den transpersonalen Tiefen meines Unbewussten, der eine Veränderung meiner Arbeitshaltung bewirkt. Ob ich in einem früheren Leben diese Frau selbst war oder ob sie ein Archetyp aus dem kollektiven Bewusstsein ist, ist nicht die entscheidende Frage. Die Frage ist: Was fange ich im Hier und Jetzt mit diesem Erlebnis an? Welchen Auftrag und Sinn erkenne ich dadurch intuitiv – auch auf emotionaler Ebene – in meinem Leben? Auf diese Weise können der *Blick zurück* oder der *Blick nach unten* zu einem *Blick nach vorn* werden. Wo gehe ich hin? Das ist eine Frage der Orientierung. Die symbolische Betrachtungsweise der TPM scheint ein brauchbares Instrumentarium dafür.

Aus dem bisher Erzählten ersehen wir, wie Rückführungen einen sinnvollen Effekt haben können. Werden sie – wie oben beschrieben – im Stil der TPM durchgeführt, kann man auf diese Weise wichtige Symbole zur Selbstreflexion und somit zur persönlichen Entwicklung erhalten. Da muss man nicht mal daran glauben, dass es sich dabei um einen Blick in ein anderes Leben handelt. Wir können die Traumsymbole effektiv als Spiegel unserer selbst heranziehen und so für Umsetzungsschritte im Alltag verwenden. Der Wert und die Funktionalität von Rückführungen scheinen hiermit klar geworden. In dieser Hinsicht handelt es sich um keine Irreführungen, sondern wir können sie als GPS auf unserem Lebensweg einsetzen. Auch Rückführungen können zum inneren Kompass werden und Orientierung bieten, selbst wenn wir nicht an Wiedergeburt glauben – vorausgesetzt, wir betrachten sie symbolisch im Sinne der trilogischen Medialität. Da wird Rückführung zu einer Hinführung zu speziellen Lebensmustern. Wenn man Filmemacher ist, kann man manche Sequenzen aus einem Film herausschneiden. Man kann sie durch andere ersetzen, um etwa den Charakter eines Darstellers besser herauszuarbeiten, um sein Wesen klarer darzustellen, z.B., wenn es darum geht, den Archetyp des alten Weisen in unsere Kultur zu übertragen. Das braucht wahrscheinlich auch einige Versuche, bis dieser authentisch und glaubwürdig wirkt. Denn wenn wir einem alten Mann mit weißem Bart, langem Stock und einer Glaskugel in der Hand am Gemüsemarkt begegnen, wird er uns eher lächerlich als glaubwürdig vorkommen. Wie löst der Regisseur diese Herausforderung? Wie erlösen wir unsere Muster? Wie kann der Regisseur die ursprüngliche Kraft dieses Archetypus aufleben lassen? Dieselben Fragen gelten, wenn wir einen Archetypen nicht in einem Film, sondern in unserem Alltag aufleben lassen möchten.

Platon erzählt in seinem berühmten Höhlengleichnis von Menschen, die gefesselt, mit dem Rücken zum Eingang, in einer Höhle sitzen. Zeit ihres Lebens sind sie in dieser Höhle und starren an die Wand vor ihnen. Denn sie können sich aufgrund der Fesseln nicht umdrehen und zum Eingang blicken. Das wäre aber das Interessante, denn von dort scheint das Licht herein. Zu einem Teil ist der Eingang zugemauert und es sind Stockpuppen auszumachen, die sich bewegen. Denn hinter der Mauer spielen Wesen mit diesen Stockpuppen. Die gefesselten Menschen in der Höhle können nur die Schatten der Puppen erkennen, die durch das Licht von draußen an die Wand geworfen werden. Das Problem ist, dass die Menschen meinen, die Schatten seien reale Wesen. Wenn Sie einmal dieses Schattenspiel als die letzte Wirklichkeit akzeptiert haben, fragen Sie nicht weiter nach tieferliegenden Ursachen. Platon kritisierte das. Er verstand die Haltung solcher Menschen nicht, die aufhörten, nach einem tieferen Grund und Sinn im Leben zu suchen. Aus heutiger Sicht können wir sagen, dass es immer solche Menschen gegeben hat und vielleicht immer geben wird. Wenn jemand nicht nach den tieferen Ursachen seiner Lebensumstände fragen will, ist nichts zu machen. Sie können andere Menschen nicht zu ihrem Glück zwingen. Das hat auch Platon erkannt. Aus diesem Grund berichtet er von einem Höhlenbewohner, dem es gelingt, sich von den Fesseln zu befreien. Er kann sich umdrehen und sieht das Licht am Höhleneingang. Anfangs ist er geblendet und kann nichts deutlich ausmachen. Aber intuitiv ist er vom Licht angezogen und klettert darauf zu. Oben angekommen erkennt er zuerst, dass die Schatten in der Höhle von Puppen verursacht wurden.

Und als er dann über die Mauer klettert, erkennt er, dass die Ursache für die Bewegung der Puppen Wesen sind, die mit den Puppen spielen. Dabei ist dies noch nicht einmal die große Erkenntnis des Höhlenbewohners. Denn nachdem er sich an das Licht gewöhnt hat, sieht er plötzlich, wie sich draußen vor der Höhle eine große, weite Welt auftut. Alles ist klar und in beeindruckenden Farben zu erkennen – der Höhlenbewohner hat ja vorher immer nur unscharfe Schatten im Dunkel der Höhle gesehen. Er muss also sehr begeistert gewesen sein von dieser Welt. Platon nennt sie die Welt der Ideen. Diese Welt ist unvergänglich und ewig. Für den Höhlenbewohner muss das eine Art Erleuchtung gewesen sein, als er diese Welt entdeckte. Wir könnten uns nun denken, dass er hinauszog in die Weite dieser Wirklichkeit und begann, ein wunderbares Leben zu genießen. Aber nein, das tat er nicht. Er wollte seine Höhlenmitbewohner an dieser Erkenntnis teilhaben lassen. Er kletterte zurück in die Höhle und erzählte ihnen von seinem Erlebnis. Sie glaubten ihm kein Wort, und als er dann noch versuchte, sie von ihren Fesseln zu befreien, töteten sie ihn.

Wovon handelt diese Geschichte? Von Erkenntnis, von Selbsterkenntnis, d.h. dem Erkennen der eigenen Lebensumstände. Sie handelt von Befreiung und von Erleuchtung im wahrsten Sinne des Wortes. Der Mensch aus der Höhle trat ans Licht. Er sah die Wirklichkeit hinter der Realität. Platons Höhlengleichnis wird auch als das Gleichnis von der Seelenwanderung verstanden. Ein Mensch verlässt das Schattendasein seiner Existenz. Er stirbt und kommt in eine wunderbare Welt. Das Licht der Sonne steht symbolisch für das Göttliche. Er erkennt, dass alles, was er vorher als real betrachtet hat, nur Abdrücke, Spuren einer größeren Wirklichkeit sind. Mit dieser Erkenntnis wird er vor eine Entscheidung gestellt. Möchte er weiter in dieser Wirklichkeit verweilen oder möchte er zurückkehren zu seinesgleichen und ihnen von der wahren Natur ihrer Existenz berichten? Hier kommt Nächstenliebe ins Spiel. Er kehrt zurück, wird wiedergeboren. Ähnlich verhält es sich im Buddhismus mit den Boddhisatvas. Boddhisatvas sind Erleuchtete. Sie müssten auf der Erde nicht wiedergeboren werden. Sie könnten aus dem Kreislauf von Geburt, Tod und Wiedergeburt aussteigen. Denn sie haben sich entwickelt, sind innerlich gereift und gewachsen. Sie haben Erleuchtung erlangt. Aber sie wollen nochmals auf die Welt. Sie wollen anderen helfen, sich auf den Weg zu begeben. Denn ist es nicht genau das, worum es letztlich geht – sich auf den Weg zu begeben? Quo vadis – wo gehen wir hin? Ist nicht hier die TPM ein brauchbares Navigationssystem, um sich neu „auszunorden"?

Den eigenen Polarstern zu finden, das ist freilich nur eine Metapher, und dass die TPM ein Fernglas ist, mit dem das gelingt, auch. Aber genau darum geht es. Es geht um die symbolische Betrachtungsweise unseres Daseins. Nehmen wir als einfaches Beispiel noch einmal das Thema „Rückführung". Im Bereich der transpersonalen Psychotherapie ist Seelenwanderung genauso umstritten wie woanders auch. Aber man hat dort etwas Spezielles erkannt. Rückführungssitzungen sind oft so aufgebaut wie normale Bilderreisen. Der Therapeut geleitet mit seinen Worten den Klienten in die Welt seiner Fantasie. Dort angelangt erhält der Klient vom Therapeuten die Information, dass er nun in ein vergangenes Leben blicken kann, um etwas über seine jetzige Existenz zu lernen. Etwa um zu lernen, weshalb er panische Angst vor Wasser hat, z.B. vor einem See, einem Fluss oder dem Meer. In seiner Phantasie erhält der Klient Impulse zu seiner Wasserphobie. Der Klient kann intuitiv erkennen, welche Ursachen aus früheren Leben Wirkungen in seiner jetzigen Existenz zeitigen. Ist der Klient wieder erwacht, dient der Stoff, aus dem dieser Traum war, der therapeutischen Intervention. Der Klient hat nun konkrete Bilder, kann sich den Grund für seine Angst bildlich – intuitiv – vorstellen. Das, was vorher unbewusst mitgeschwungen hat, kann nun in Form von Symbolen und Bildern bewusst wahrgenommen werden. Schon allein diese Bewusstwerdung kann oft eine Erleichterung bringen. Man hat nun etwas Konkretes vor sich, das vorher nebulos im Raum schwebte. Natürlich ist dieser *Blick zurück* ein symbolischer. Denn das andere Leben ist vorbei. Nur im Hier und Jetzt kann bewusst gelebt werden. Aber für Therapeuten sind Rückführungen eine gute Möglichkeit, um an scheinbar verlorene Seelenteile heranzukommen. Vergangene Leben sind dann nicht in erster Linie Leben, die vorbei sind, sondern Lebensenergien, die sich verlaufen haben und die an irgendeinem Punkt falsch abgebogen sind. In Form einer symbolischen Auseinandersetzung werden Rückführungen deshalb in der transpersonalen Psychologie als wertvolle Zugänge erachtet, um destruktive Verhaltensmuster aufzulösen und durch konstruktive zu ersetzen[102]. Erst durch diesen symbolischen Zugang ergeben Rückführungen Sinn. Es geht dabei nicht in erster Linie um die Frage, ob es ein Leben vor oder nach dem Tod gibt. Es geht darum zu fragen, was man durch das Wahrgenommene einer Rückführung im Hier und Jetzt erkennen und deshalb verändern kann. Deshalb ist dieses symbolische Verständnis zentral, wenn es darum geht, die TPM begreifen zu wollen. Andernfalls bleiben Übungen dieser Art durch einen dubiosen, esoterischen Nebel verhüllt. Ob die Witwe eine frühere Inkarnation von mir war oder nicht, symbolisch gesehen traf diese Bilderreise mitten ins Schwarze. Denn ich wohne jetzt in einem Fjord. Ich lebe jetzt im Norden und der Lebensschullehrer Beruf erteilt mir wichtige Lektionen bezüglich meiner Berufung. So gesehen ergibt die Rückführung Sinn. Und sie gibt mir natürlich Sinn. Sie gibt mir das Gefühl, auf dem richtigen Weg zu sein. Im wahrsten Sinne des Wortes symbolisch betrachtet, gibt sie mir Orientierung – wie der Polarstern am Nachthimmel.

---

[102] vgl. Kraspow, M.C. u. Scotton B.W.: A Review of Transpersonal Theory and Ist Application to the Practice of PsychotherapyThe Journal of Psychotherapy Practice and Research 1999. 8:12–23. S. 19.

# Epilog

Wenn dieses Buch von einem inneren Navigationssystem handelt, nach dem es sich auszurichten gilt, dann ist damit Folgendes gemeint: Übungen wie etwa Rückführungen oder Kontakte zu Nichtinkarnierten Bewusstseinsimpulsen dienen bei der TPM der eigenen Standortbestimmung sowie der regelmäßigen emotionalen Selbsteinschätzung. Sie helfen mir zu erkennen, wo meine Stärken, wo meine Schwächen in meinem Leben liegen. Und sie geben mir Impulse, wie ich daran arbeiten kann, sie zu verändern. Dieses Ausnorden meiner Existenz, diese Neuorientierung wird aber nur funktionieren, wenn ich einen metaphorischen, symbolischen Blick auf mein Sein werfe und mich darauf einlasse und das, was ich durch diesen Blick wahrnehme, ernst nehme.

„Was hat das, was mir widerfährt, mit mir zu tun, mit meiner Haltung, meinem Denken, Fühlen und Glauben?" – so fängt es an. So kann ich lernen zu erkennen, wo ich in meinem Leben stehe. So lerne ich für mein Leben Verantwortung zu übernehmen. So kann ich mein Leben in einen reichhaltigeren Sinnzusammenhang stellen und es als wertvoll empfinden.[103] Durch den symbolischen Blick kann mir Sinn im Sein offenbar werden. Blicken wir zurück auf all die Geschichten und Bilderreisen, von denen ich hier erzählt habe. Denken wir zurück an meine Erlebnisse mit Flugangst und wie ich sie Stück für Stück in den Griff bekommen habe. Das dafür

---
[103] vgl. Zohar, Danah u. Marshall, Ian: SQ – Spirituelle Intelligenz. 2000. 11f.

entscheidende spirituelle Vertrauen hätte ich nie aufbauen können, hätte ich nicht eine leise Ahnung von meiner Symbolsprache gehabt. Die wahrgenommenen inneren Eindrücke begann ich symbolisch, metaphorisch zu deuten. Das war zu Beginn meiner Grundschulung am TRILOGOS Institut. Das, was ich damals über symbolische Kommunikation instinktiv wusste, reichte aus, um die Spuren intuitiv zu entdecken, die mir den Weg aus dieser Angst wiesen. Schon allein dafür bin ich der TPM dankbar. Aber das war erst der Anfang. Denn nicht nur meine Flugangst, auch die Angst vor dem Reisen konnte sich transformieren. Das Abenteuer nach Pakistan und die vorausgegangene Bilderreise mit den Skorpionen waren entscheidende Momente. Es ist für mich nach wie vor eines der besten Beispiele, wie Erlebnisse in der eigenen Innenwelt mit Ereignissen im Außen korrelieren können. Die Brücken, die sie verbinden, sind symbolische. Und so gesehen war auch die Reise nach Pakistan der Sturm, in dessen Richtung mich meine Innere Stimme, mein Höheres Selbst, mein PsyQ wies. Aber nicht, damit ich darin untergehe, sondern damit ich dadurch ein weiteres wichtiges Stück meines Wesens kennenlernen sollte, das gelebt werden wollte: das „Lehrersein". Aber nicht nur das Finden im Außen, auch das *Sich-Finden* im Inneren, in seiner Haltung, spielte bei meiner Entwicklung eine wichtige Rolle. Es ging nicht nur darum, einen Weg im Außen einzuschlagen und auf ihm zur Glückseligkeit, zur Eudaimonia, geführt zu werden. Dazu war auch die Entwicklung der persönlichen Haltung notwendig. Die Geschichte vom Indianer und seiner Friedenspfeife soll ein Beispiel sein, das auf beeindruckende Weise den Nutzen von Bilderreisen für ethische Bewusstseinsentwicklung veranschaulicht. Aus meiner Sicht ist dies das Missing Link in der ethischen Bildung. Wenn wir einen Schritt weitergehen, können wir erkennen, wie durch bestimmte TPM-Übungen sogar konkret auf spezifisch ethische Themen eingegangen werden kann: Da haben wir einerseits das Trainieren von intuitiver Empathie. Diese Fähigkeit scheint für ein umfassendes gegenseitiges Verständnis und daraus folgenden Respekt wohl unabdingbar. Das Erlernen dieser Fähigkeit in unserem Alltag ist ein kleiner Schritt für uns. Er wäre aber ein großer für die Menschheit. Die wissenschaftlichen Studien von Joachim Bauer untermauern dies[104]. Auch die Transformation unseres Narzissmus, eine der Hauptursachen für unsere egoistische Zeit, kann durch eine Intervention dieser Art angegangen werden. Mein Traum vom Toten im Schnee machte mir auf metaphorische Weise den Tod eines Narzissten bewusst. Ich war davon betroffen, denn diese Geschichte betraf mich. Aber eben nicht nur. Auch Paul erhielt dadurch sehr handfestes und gleichzeitig absolut symbolisches Material. Er konnte dadurch das Thema „Tod" und alle Lebensabschnitte und –bereiche, die davon betroffen waren, noch einmal in neuem Licht betrachten. Dies ist sicher ein sehr avantgardistischer Zugang, um Seelenfrieden zu finden. Es kann aber ein umso effektiverer sein, wie wir gesehen haben. Das Thema „Tod und Sterben" sowie eine symbolische Auseinandersetzung damit standen auch im Zentrum des letzten Kapitels – leben, sterben, wiedergeboren werden als ein Kreis, der sich schließt. Ursachen, die ihre Wirkungen hervorbringen, über Generationen hinweg. Im letzten Kapitel habe ich eine persönliche Geschichte erzählt. Ich kann es nun drehen und wenden, wie ich will, aber es wird immer eine Geschichte bleiben. Die Frage ist nur, wie sehr mich diese Geschichte berührt und ergreift. Wie sehr kann ich Ähnlichkeiten, Analogien zwischen dem Leben der Witwe und meinem jetzigen erkennen? Viele, wie wir gesehen haben. Und hier schließt sich für mich ein Kreis. Symbolische Wahrscheinlichkeiten werden zu realen Wirklichkeiten. Oder anders formuliert: Immer besser erlebe und verstehe ich heute, was es heißt, „Mit-Schöpfer" sein zu dürfen – in Verantwortung des Einzelnen – für das Ganze.

All die kleinen Zeichen auf meinem Weg haben mich hierher gebracht. Wenn ich sie im Gesamten anblicke, erscheinen sie mir wirklich so wie die Hinweisschilder auf einem Flughafen. Sie sind sozusagen mein Informationsnetz, das mich den Sinn meines Lebens mehr und mehr erkennen lässt. Vertrauen und sich auf diese Zeichen einlassen, sie ernst nehmen, ist

---

[104] vgl. Bauer, Joachim: Warum ich fühle, was du fühlst. Intuitive Kommunikation und das Geheimnis der Spiegelneuronen. Hoffmann und Campe. Hamburg. 2005.

entscheidend. Aber diese Zeichen ergaben nicht nur Sinn. Vielmehr habe ich heute den Eindruck, dass mir Werterfüllung widerfährt, d.h., es werden mir die Dinge im Leben zuteil, die ich mir innerlich wünsche, nach denen ich strebe. Diese haben sich im Laufe der Zeit sicherlich verändert, wahrscheinlich deshalb, weil auch ich mich veränderte. Die Bedürfnisse eines Kleinkindes sind andere als die eines Erwachsenen, aber das zu erkennen ist die eigentliche Herausforderung. „Welche tiefen Sehnsüchte schlummern in mir? Was entspricht mir wirklich?", diese Fragen haben mich immer weitergetrieben, mich hinausgetragen auf die offene See. Aber ich habe nicht den Eindruck, mich deshalb weiter von mir entfernt zu haben. Im Gegenteil. Ich habe nun das Gefühl, als sei ich mir näher als je zuvor.

Aus diesem Grund schätze ich die TPM als einen avantgardistischen Ansatz für Persönlichkeits- und Bewusstseinsschulung. Insbesondere ihre spirituelle, transpersonale Komponente, wie Kontakte zu sog. Nichtinkarnierten Bewusstseinsimpulsen oder Rückführungen, finde ich progressiv, wertvoll und einzigartig. So oft schon wurde ich durch derartige Übungen auf Abenteuer mitgenommen, von denen ich zu Beginn keine Ahnung hatte, wo sie mich hinführen würden. Die Geschichte vom Toten im Schnee ist nur eine von vielen, die mir widerfahren sind. Ja, es sind Abenteuer und teilweise habe ich den Eindruck, auf einer der Fahrten des Odysseus mit an Bord zu sein. Unglaubliches ereignet sich, nicht geahnte Welten und Zusammenhänge tun sich auf und lassen mich staunen. Dann ist man damit beschäftigt, ihnen einen Namen zu geben. Doch die TPM ist realpragmatisch orientiert. „Was hat das, was du wahrgenommen hast, auch mit dir persönlich zu tun?", fragt sie. Das ist die alles entscheidende Frage bei solchen Abenteuern. Durch sie erst wird die eigene Entwicklung in Gang gebracht und eine tiefgehende Selbstreflexion möglich.

Dass es aber dabei nicht nur um Selbstfindung geht, sondern prinzipiell um das Erlernen der Fähigkeit, auch intuitiv auf andere und anderes einzugehen, mit ihnen mitzufühlen und Anteil an ihrem Leben zu haben, dürfte klar geworden sein. Nicht nur der Einzelne, sondern die Lebensqualität der ganzen Gemeinschaft wird so gefördert. Und ich denke, das war für mich als Philosophen das Wunderbare: Die TPM ist ein Ansatz, durch den Tugenden entfaltet werden können, menschliche Potenziale, die mit Freude entdeckt und zum Leben erweckt werden können. D.h., der einzelne Mensch gewinnt Wohlbefinden und Lebensqualität gerade deshalb, weil er seine Tugenden entfaltet. Auf diese Weise trägt er zum Wohl des Ganzen bei. Ein liebe- und verständnisvoller Umgang mit anderen, der geprägt ist durch intuitive Empathie, macht mir Freude und auch den anderen. Gemeinsam schaffen wir so ein größeres, wertvolles Ganzes. Dieses größere, wertvolle Ganze beginnt im Kleinen, im Alltag.

# Literatur

Annan, Kofi: Brücken in die Zukunft. Eine Initiative von Kofi Annan. Fischer Verlag. Frankfurt a. M. 2001.

Aristoteles: Nikomachische Ethik. Rowohlt. Reinbek. 2006.

Bandura, Albert: Self-Efficay: Toward a Unifying Theory of Behavioral Change. In: Baumeister, Roy F.: The self in social psychology. Psychology Press. Philadelphia. 1999. S. 285 – 298.

Bauer, Joachim: Warum ich fühle, was du fühlst. Intuitive Kommunikation und das Geheimnis der Spiegelneuronen. Hoffmann und Campe. Hamburg. 2005.

Bliemel, Karin: Systeme in Balance. Wege zur Integration durch PsyQ. Ein Beitrag zum „EU-Jahr des Interkulturellen Dialoges" 2008. Trilogos Verlag. Zürich. 2008.

Chopra, Deepak: Das Buch der Geheimnisse. Goldmann Verlag, München. 2005.

Coward, Harold: Karma and Rebirth in Western Psychology. In: Neufeldt, Ronald W. (Ed.): Karma & Rebirth. Post Classical Developments. State University of New York Press. New York. 1986.

Erklärung zum Weltethos. Parlament der Weltreligionen. Chicago. 1993.

Fischer, Roland; Schmid, Martin; Veichtlbauer, Ortrun und Verena Winiwarter: SIproVI – Studium Integrale proVISION. Grundsätzliche Überlegungen zu einer vorsorgenden Gesellschaft und der Rolle von Wissenschaft. IFF – Institut für Wissenschaftskommunikation und Hochschulforschung der Alpen-Adria- Universität Klagenfurt-Graz-Wien. Dezember 2008.

Frankl, Viktor E. und Lukas, Elisabeth: Der Seele Heimat ist der Sinn. Logotherapie in Gleichnissen. Kösel. 2005.

Frankl, Viktor E.: Die Sinnfrage in der Psychotherapie. Piper Verlag. München. 1981.

Fromm, Erich: Märchen, Mythen, Träume. Rowolt Verlag. Hamburg. 1981.

Gissrau, Barbara: Selbstbilder – Ichbilder. Trilogos Verlag. Zürich. 2008.

Goswami, Amit: Das Bewusste Universum. Lüchow Verlag. Stuttgart. 2007.

Green, Elmer E., Green, A.M, Walter, E.D.: Voluntary Control of Internal States: Psychological and Physiological. In: Journal of Transpersonal Psychology, 2. 1970. S. 1 – 26.

Head, Joseph, Cranston, S. L. (Hrsg.): Reincarnation. An east-west Anthology. The Theosophical Publishing. Wheaton, Illinois. 1981.

Head, Joseph, Cranston, S. L.: Reincarnation in World Thoughts. A Living Study of Reincarnation in All Ages; Including Selections from the World's Religions, Philosophies and Sciences, and Great Thinkers of the Past and Present. Julian Press. New York. 1969.

Henderson, Bobby: Das Evangelium des Fliegenden Spaghettimonsters. Manhattan-Verlag. 2007.

Jung, C.G.: Memories, Dreams, Reflections. Ed. by A. Jaffe. Vintage Books. New York. 1965.

Jung, C.G.: Psychological Commentary on The Tibetan Book of the Dead. Collected Works 11. Princeton University Press. 1969.

Jung, C.G.: Traum und Traumdeutung. 12. Aufl. dtv. 2005.

Kapstein, Matthew T.: The Presence of Light. Divine Radiance and Religious Experience. The University of Chicago Press. Chicago. 2004.

Kraspow, M.C. u. Scotton B.W.: A Review of Transpersonal Theory and Ist Application to the Practice of PsychotherapyThe Journal of Psychotherapy Practice and Research 1999. 8:12–23.

Küner, Angela: Kollektive Traumata, Annahmen, Argumente, Konzepte. Eine Bestandsaufnahme nach dem 11. September. In: Berghor Report Nr. 9. Berlin. 2002.

Küng, Hans (Hrsg.): Dokumentation zum Weltethos. Serie Piper. München. 2002.

Küng, Hans: Spurensuche. Die Weltreligionen auf dem Weg. DVD Gesamtset. Grünwald Komplett-Media GmbH. 1993.

Luu Hong Khan, in: Der Flug des Quantenschmetterlings. Roethlisberger, Linda (Hrsg.). Via Nova Verlag. 2000.

Lyles, J. N., Burish, T. G., Krozely, M. G., and Oldham, R. K.: Efficacy of relaxation training and guided imagery in reducing the aversiveness of cancer chemotherapy. J. Consult. Clin. Psychol., 50, 509. 1982. Oder: Osoba, D. (Ed.): Effect of Cancer and Quality of Life. CRC Press. Boca Raton. 1991.

Maslow, A.H.: A Theory of Human Motivation, Psychological Review 50 (1943):370-96.

May, Christof: Pilgern. Menschsein auf dem Weg. Echter Verlag. Würzburg. 2004.

Miller, Alice: Das Drama des begabten Kindes. Und die Suche nach dem wahren Selbst. Suhrkamp Verlag. Frankfurt a. M. 1983.

New Scientist: Nr. 2515. 3. September 2005.

Nohl, Hermann: Die pädagogische Bewegung in Deutschland und ihre Theorie. 1935.

Platon: Phaidros, 249 b 8 ff. „Platons Werke" Bd.5, 85, übersetzt von Friedrich Schleiermacher.

Roethlisberger, Linda: Der sinnliche Draht zur geistigen Welt. Ein Lehrbuch zur Entfaltung der medialen Anlagen und der eigenen Persönlichkeit. 5. Aufl. Heinrich Hugendubel Verlag. München. 2006.

Roethlisberger, Linda: Die Trilogos-PsyQ®Methode. Mit vernetzten Symbolen zur Selbsterkenntnis. Peter Lang Verlag. Frankfurt a. M. 2006.

Roethlisberger, Linda: Intuition ist erlernbar. Heinrich Hugendubel Verlag. Kreuzlingen/München. 2006.

Roethlisberger, Linda: Im Kontakt mit der Inneren Stimme. Bauer Verlag. 1999.

Utay, Joe and Miller, Megan: Guided imagery as an effective therapeutic technique: a brief review of its history and efficacy research. In: Journal of Instructional Psychology, March, 2006.

von Foerster, Heinz: Das Konstruieren einer Wirklichkeit. In: Die erfundene Wirklichkeit. Wie wissen wir, was wir zu wissen glauben. Beiträge zum Konstruktivismus. Hg. von Paul Watzlawick. München 1985.

Watzlawick, Paul: Menschliche Kommunikation. Formen, Störungen, Paradoxien. 10. Aufl. Huber. Bern. 1996.

Watzlawick, Paul: Vom Schlechten des Guten. Piper Verlag. München. 1991.

Watzlawick, Paul (Hg.): Die erfundene Wirklichkeit. Serie Piper. München. 1981.

Weiss, Gabriele: Bildung des Gewissens. VS Verlag. 2004.

Weiss, Michael: Wir können nicht nicht glauben. Trilogos Verlag. Zürich. 2008.

Wilber, Ken: The Integral Vision. Shambala Publishing. Boston. 2007.

Wilber, Ken: Das Wahre, Schöne, Gute. Geist und Kultur im 3. Jahrtausend. Fischer Taschenbuch Verlag. Frankfurt am Main. 2002.

Wilber, Ken: Grace and Grit. Spirituality and Healing in the Life and Death of Treya Killam Wilber. Shambala Publishing. Boston. 2000.

Zohar, Danah u. Marshall, Ian: SQ – Spirituelle Intelligenz. Verlag Scherz. Bern, München, Wien. 2000.

Zürrer, Ronald: Reinkarnation. Die Wissenschaft zur Seelenwanderung. Sentient Press. Zürich. 1992.

Zwick, Elisabeth: Spiegel der Zeit – Grundkurs Historische Pädagogik I. LIT Verlag. Berlin-Hamburg-Münster. 2004.

# Zum Autor

Mag. Dr. Michael Noah Weiss studierte Philosophie und promovierte an der Universität Wien. Als Lehrbeauftragter an den Pädagogischen Hochschulen in Nieder- und Oberösterreich bildet er LehrerInnen für das Unterrichtsfach Ethik aus. Er ist Vorstandsmitglied der „Initiative Weltethos Österreich" und hält an Schulen und Universitäten regelmäßig Vorträge und Seminare über globale Ethik. Er ist langjähriger Mitarbeiter am TRILOGOS Institut und ist momentan Aspirant zum Zert. 3 der TRILOGOS Diplomausbildung.

# Zur Herausgeberin

Linda Vera Roethlisberger ist Gründerin und Leiterin des TRILOGOS Instituts (www.trilogos.ch). Sie entwickelte die Trilogos-PsyQ®Methode für ganzheitliche Persönlichkeits- und Bewusstseinsschulung und kann auf eine langjährige Erfahrung als Lehrerin an Primar-, Sekundar- und Mittelschulen in der Schweiz zurückblicken. PsyQ wurde von Linda Vera Roethlisberger erfunden und bezeichnet das menschliche Potenzial im Sinne der individuellen, persönlichen Wesensanlagen eines Menschen, die im Höheren Selbst gespeichert sind und die durch die Schulung von IQ (rationale, kognitive Intelligenz), EQ (emotionale Intelligenz) und SQ (spirituelle Intelligenz) entfaltet werden – in Richtung PsyK (menschliche Kompetenz).

Darüber hinaus ist sie seit Jahren erfolgreich in der Erwachsenenbildung und als Lebensberaterin sowie als Autorin für Lehrbücher tätig. Ihre Kernkompetenzen sind: praktische Philosophie und spirituelle Psychologie.

# Weitere Bücher aus dem Verlag Via Nova:

## Quantensprünge des menschlichen Bewusstseins
Vom Ego zum Ich-bin / Gela Weigelt

Paperback, 184 Seiten, 5 Zeichnungen, ISBN 978-3-86616-101-6

Nichts ist so unglaubwürdig wie das „Ich". Das „Ich" ist eine Konstruktion. Diese provozierenden Thesen untersucht die Autorin mit Hilfe der Wissenschaft und der Spiritualität. Neben Ergebnissen aus der Hirnforschung werden Erkenntnisse der Quantenphysik vorgestellt, die die uralte Frage nach dem Ego des Menschen um neuzeitliche Aspekte bereichern. Die Hirnforschung weist nach, dass das „Ich" eine Simulation der ca. 3 Pfund schweren Masse in unserem Schädel ist, während die Quantentheorie das Bewusstsein als zentrale „Instanz" der Wirklichkeit sieht. Der Quantensprung des menschlichen Bewusstseins ist ebenso wie der Quantensprung in der Physik ein diskontinuierlicher Übergang von einer Ebene zur anderen. Die Ebenen des menschlichen Bewusstseins sind transzendent, daher ist Erleuchtung einem Quantensprung vergleichbar.

## Der Quantensprung im globalen Gedächtnis
Wie ein neues wissenschaftliches Weltbild uns und
unsere Welt verändert / Ervin Laszlo

Hardcover, 160 Seiten, ISBN 978-3-86616-153-5

Im planetaren Wandel mithelfen, Einsichten verbreiten, menschliches Überleben, Nachhaltigkeit, Wohlsein und Frieden sichern. Mit Blick auf die neuesten, oft revolutionären Erkenntnisse in den Bereichen von Kosmologie, Quantenphysik und Bewusstseinsforschung zeigt Ervin Laszlo wissenschaftlich fundiert, aber dennoch in klarer und verständlicher Sprache, dass das alte Weltbild überholt ist und wir uns einem ganz neuen Bild der Wirklichkeit stellen müssen. Er beschreibt den global und interkulturell sich bereits heute vollziehenden Paradigmenwechsel auf allen Ebenen des Lebens. Er begründet mit den Erkenntnissen der modernen Wissenschaften, dass ein neues Bewusstsein in der Menschheit entsteht. Dieses Buch informiert umfassend und tiefgründig, regt an und macht Mut, mit erweitertem Bewusstsein diese Initiativen zu unterstützen und zu einer positiven Veränderung in der Welt beizutragen.

## Der verborgene Code des Bewusstseins
Der Quantengeist in der Naturwissenschaft und
in der Psychologie / Arnold Mindell

Paperback, 608 Seiten, ISBN 978-3-86616-159-7

Man muss das Universum verstehen, um sich selbst zu erkennen. In diesem umfassenden Buch des amerikanischen Psychologen und Physikers Arnold Mindell werden grundlegende moderne Erkenntnisse der Physik und der Tiefenpsychologie auf die traditionelle Weisheit der Menschheit in unterschiedlichen Kulturen bezogen und zusammenfassend erklärt. Die sog. objektive, sinnlich wahrnehmbare, mathe matisch-physikalisch messbare Welt und entsprechendes Denken werden aufgrund der Quantenforschung ergänzt und vertieft, indem die psychischen Befindlichkeiten der Beobachter, ihre nichtlokale, nichtzeitliche Spürerfahrung, Intuition und Träume einbezogen und mathematisch beschrieben werden. Anschauliche Beispiele, experimentelle Übungen und Abbildungen sowie überschaubare Kapitel und sprachliche Vereinfachungen machen die Darlegungen auch für Laien verständlich. Wer auf den sich gegenwärtig vollziehenden Paradigmenwechsel neugierig ist, wird dieses spannende Buch lesen wollen.

## Heilung beginnt im Herzen
Die inneren Kräfte wecken, um Körper und Seele zu heilen
Chuck Spezzano

Hardcover, 240 Seiten, ISBN 978-3-86616-140-5

*2. Auflage*

Das neue Buch des bekannten Lebenslehrers Dr. Chuck Spezzano gibt dem Leser grundlegende Prinzipien und Methoden an die Hand, um sich von allen Formen von Krankheit und Schmerz zu befreien. Es ergründet nicht nur die Wurzeln dessen, was Krankheiten und Schmerzen erzeugt, sondern zeigt darüber hinaus praktische Wege, wie man die dem eigenen Herzen und Geist innewohnende Kraft nutzen kann, um Krankheiten zu heilen und Schmerz aufzulösen.

## Erfolg und Erfüllung liegen in deinen Händen
Nutze dein inneres Potenzial
Chuck Spezzano

Hardcover, 320 Seiten, ISBN 978-3-86616-155-9

100 Erfolgsrezepte für ein besseres Leben in allen Bereichen. Chuck Spezzano zeigt auch in diesem Buch wieder einmal mit großer Tiefgründigkeit und unnachahmlicher Direktheit auf, wie es jedem Menschen gelingen kann, falsche Entscheidungen zu erkennen, zu verwerfen und an ihrer Stelle neue und erfolgversprechendere Entscheidungen zu treffen, so dass Erfolg in allen Bereichen des Lebens entsteht. Das vorliegende Buch soll dir Erfolg in jedem Bereich schenken, auf den du seine Prinzipien anwendest: Geld, Beruf, Gesundheit, Kreativität, Beziehungen. In dem Maße, in dem dein Verständnis für die hier beschriebenen Prinzipien wächst, wird auch Erfolg dir immer vertrauter werden und in jedem Bereich immer müheloser zu erreichen sein. Möge das vorliegende Buch dich sowohl von den Fesseln des Nichtwissens als auch von der Angst vor Erfolg befreien und dir das zurückbringen, was rechtmäßig dir gehört.

## Dein Seelenhaus
Ein direkter Weg mit der Seele zu sprechen
Peter Reiter

Hardcover, 200 Seiten, ISBN 978-3-86616-062-0

*2. Auflage*

Spielerisch die eigene Seele erkunden, Vorzüge und Defizite seiner Persönlichkeit in wenigen Minuten erkennen lernen und dabei auch noch Spaß und Entdeckerfreude haben – geht das? Ja, mit der hier vorgestellten und neu entwickelten Methode von Dr. Peter Reiter ist dies einfach. Nicht nur, dass Sie endlich wissen werden, welche Talente und Fähigkeiten in Ihnen schlummern, Sie erkennen in diesem Bild des Seelenhauses sofort, schnell und sicher Ihre Defizite oder Bereiche, die der Zuwendung, Entwicklung und Heilung bedürfen. Sie verändern mit dem Umbau des Seelenhauses auch Ihre Seelenmuster und von da ausgehend auch Ihre äußere Erscheinung und Ihr Verhalten zur Mitwelt. Dies funktioniert bei Ihnen selbst wie auch bei Ihren Freunden, Kindern, Partnern oder Klienten und Patienten – eine kurze Bildmeditation genügt, um das Innere zu erfassen. Es geschieht mühelos, nur über eine entsprechende Visualisation und Absicht, denn die Lebensenergie folgt den Gedanken oder Bildern.

## Quantengeist und Heilung
### Auf seine Körpersymptome hören und darauf antworten
### Arnold Mindell

Paperback, 296 Seiten, ISBN 978-3-86616-036-1      2. Auflage

Quantengeist und Heilung ist Arnold Mindells neues Modell der Medizin, das auf den atemberaubenden Erkenntnissen der Pioniere der Quantenphysik beruht, welche die Landschaft unseres Glaubenssystems beinahe täglich neu gestalten. Mindell, der dort weitermacht, wo C. G. Jung aufhörte, hat sich als führender Experte im Gebrauch von Konzepten aus der Quantenphysik zur Heilung von Geist und Psyche erwiesen. Das Buch geht weit über die Theorie hinaus und stellt einfache Techniken, Übungsanleitungen und präzise Erklärungen wesentlicher Konzepte zur Verfügung, die es jedem Einzelnen ermöglichen, die Wurzeln selbst von chronischen Symptomen und Krankheiten, emotionalen, krankmachenden Mustern freizulegen, zu verstehen und zu beseitigen. Arnold Mindell: „Quantenphysik, die auch Sie anwenden können. Allen Aktionen und Ereignissen im Universum liegt eine Kraft zugrunde. Jeder Mensch besitzt die Fähigkeit, diese anzuzapfen, mit ihr zu interagieren und sie zur Selbstheilung zu benutzen."

## Sich ändern – statt ärgern
### Vom Umgang mit turbulenten Gefühlen / Kurt A. Richter

Paperback, 288 Seiten, ISBN 978-3-86616-124-5

Machen Sie sich fit im Umgang mit arroganten, nörglerischen, vorwurfsvollen, eifersüchtigen, rechthaberischen, neidischen und zynischen Zeitgenossen. Erkennen Sie die inneren Ursachen negativer Gefühlszustände, die Ihr Selbstbewusstsein und Ihre besten Qualitäten unterdrücken. Entdecken Sie anhand von 22 inspirierenden Gesprächen, ähnlich der Dialog-Methode von Sokrates, völlig neue Möglichkeiten, mit verbalen Tiefschlägen und turbulenten Gefühlszuständen wie Ärger, Schuldgefühlen, Streit, Sorgen, Prüfungsängsten und Schlafstörungen umzugehen. „Update your brain" heißt: Aktualisieren Sie Ihr Denken und bringen Sie Ihre soziale Kreativität auf den neuesten Stand. „Update your brain" heißt: *Update für deinen Geist ... dein Gemüt ... dein Wohlbefinden ... deine Leistungsfähigkeit ... deine Lebendigkeit ... dein Glückserleben ... deine Liebe ... deine Lebensfreude ... deine Kreativität ... deine Inspiration ... deine Leidenschaft ... deine Energie ... deinen Humor.*

## Liebe als Erfüllung aller Wünsche
### Eine praktische Liebestherapie / Jürg Theiler

Paperback, 256 Seiten, ISBN 978-3-86616-110-8

Die Menschen sehnen sich nach Liebe, einer dauerhaften Liebesbeziehung, und setzen oft ihre ganze Energie ein, sie zu verwirklichen, weil sie dadurch Glück und Erfüllung erwarten. Warum gelingen aber solche Beziehungen häufig nicht oder zerbrechen viele nach kurzer Zeit? Der Tiefenpsychologe Jürg Theiler ergründet in diesem Buch die psychischen Ursachen für Gelingen und Misslingen von Liebesbeziehungen, auch an Beispielen. Er erklärt, wie die in der Evolution des Lebens entwickelten Gehirnteile in der Psyche des Menschen unterschiedliche Bedürfnisse und Wünsche erzeugen, die einander oft widerstreiten, sich aber auch gegenseitig ergänzen und zusammen der Erhaltung und Weiterentwicklung des Lebens dienen und nur durch die Liebe in Einklang gebracht werden können. Durch eine bestimmte Fragetechnik und 36 „Ein-Sichten" kann der Leser seine psychische Ausgangslage und den Weg erkennen, wie er mit seinem Partner, seiner Partnerin seine Wünsche nach Liebe erfüllen kann.

## Heilgebärden
**Verbindung mit dem heilenden Feld durch Bewegung und Meditation / Barbara Schenkbier**

Hardcover, 160 Seiten, 42 mehrfarbige Fotos, ISBN 978-3-86616-175-7

Die Heilgebärden sind im Rahmen der Ausbildung für spirituelle Heilung inspirativ von der Autorin Barbara Schenkbier empfangen und ausgestaltet worden. Sie sind für jeden leicht durchzuführen. Achtsame Gebärden und Haltungen öffnen den Übenden für den Strom der Heilenergie aus dem heilenden Feld. Dynamische Bewegungen und Energiemassage aktivieren die Lebensenergie, so dass der Körper und die Feinstoffebenen durchströmt und geheilt werden. In der wachen Vergegenwärtigung der strömenden Heilkraft und in den Meditationen werden auch Geist und Seele angesprochen und wichtige spirituelle Grundhaltungen wie Achtsamkeit, Hingabe und Demut entfaltet.

## Die Vision vom göttlichen Menschen
**Eine spirituelle Weg-Begleitung in das neue Jahrtausend**
**Barbara Schenkbier**

Paperback, 424 Seiten, 21 ganzseitige Bilder, ISBN 978-3-928632-68-3
Prachtband: Geb., 424 Seiten, Einband Kunstleder mit Goldaufdruck,
21 ganzseitige Bilder, Zweifarbendruck, ISBN 978-3-928632-18-8

Das Buch ist ein umfassendes Standardwerk, das den Durchbruch einer neuen Evolutionsstufe im Bewusstsein des Menschen vorbereiten hilft. Aufbauend auf wissenschaftlichen Erkenntnissen und der mystischen Tradition aller Religionen führt es zu einem tieferen Wissen über das menschliche Bewusstsein, um dann den Weg zum göttlichen Menschen zu beleuchten. Alle wichtigen Schritte werden beschrieben, wesentliche Übungen aus einer neuen Sicht heraus dargestellt und die Transformationsstufe zu einem neuen Bewusstsein geschildert. Beim Lesen und Anwenden der beschriebenen Wahrheiten eröffnet sich dem Leser eine neue Sicht auf den Sinn des Lebens. Alle, die den geistigen Weg beschreiten, werden ihn besser verstehen, ihn bewusster, mutiger und konsequenter weitergehen. Das Buch ist aus der eigenen spirituellen Erfahrung der Autorin heraus geschrieben und eröffnet den Blick in eine Zukunft, die die evolutionäre Schöpferkraft selbst schaffen wird.

## Das Neue Bewusstsein
**Entwicklungsmöglichkeiten für alle Menschen**
**Klaus Engel**

Paperback, 160 Seiten, ISBN 978-3-86616-058-3

Das Neue Bewusstsein wird zunächst in einleitenden kurzen Kapiteln in das Gesamtkontinuum der Evolution gestellt: von der kosmischen über die biologische bis zur geistig-seelischen Entwicklung. Für die wesentlichen Vertreter des Neuen Bewusstseins Jean Gebser, Teilhard de Chardin, Sri Aurobindo und Ken Wilber werden die Lebensläufe und zentralen Konzepte herausgearbeitet. Die praktische Realisierung veränderter und erweiterter Bewusstseinserfahrung wird für den indischen Kulturkreis anhand der tiefen Erfahrungen Yoganandas beschrieben, für die Begegnung christlicher Tradition mit dem Zen über das herausragende Leben und Erleben von Hugo Lassalle. Einzelne Kapitel beschreiben Gefahren,Verwechslungen (Außen-Innen;Weg-Ziel) und Forschungsergebnisse zu den meditativen Wegen. Die Stufenfolge des Yoga- und Zen-Weges wird präzisiert, immer mit dem zentralen Anliegen des Buches: gedachte und erlebte Erfahrungen nicht zu verwechseln.

## Im Einklang mit der universalen Ordnung
Geistige Gesetze und Lebensweisheiten für den Alltag
Dr. Diethard Stelzl

Hardcover, 332 Seiten, 90 Graphiken, ISBN 978-3-86616-021-7

2. Auflage

Der bekannte Bestseller-Autor Dr. Diethard Stelzl legt mit diesem Buch ein weiteres Resultat seiner tiefgründigen Überlegungen und Erkenntnisse vor. Dieses Buch gibt einen Überblick über Entstehung, Entwicklung und Aufbau der Schöpfung, die Entfaltung der menschlichen Kultur und des menschlichen Bewusstseins sowie die kosmischen Kommunikationssysteme und leitet daraus wichtige geistige Gesetze und kosmische Prinzipien ab, die nach einem „göttlichen Plan" das Sein bestimmen, dem Menschen aber auch die Freiheit geben, im Einklang mit dieser universalen Ordnung seine einzigartige, unverwechselbare Identität zu finden. Dem Leser werden sowohl Einsichten in dieses menschliche Urwissen, die „kosmischen Verkehrsregeln", vermittelt als auch Lebensweisheiten für den Alltag empfohlen, mit deren Hilfe er sein Leben jederzeit ändern, in innerem Gleichgewicht und Harmonie zu anhaltender Gesundheit, Erfolg, Glück und Zufriedenheit aufbauen und gestalten kann. Einleuchtend, in logisch-wissenschaftlicher und verständlicher Weise erklärt dieses Buch die großen kosmischen Zusammenhänge.

## Die heilende Kraft des Scheiterns
Ein Weg zu Wachstum, Aufbruch und Erneuerung
Claus Eurich

Hardcover, 128 Seiten, ISBN 978-3-86616-043-9

Ohnmacht und Scheitern zu erfahren ist ebenso alltäglich wie zu erleben, dass Erwartungen zerbrechen. In unserer Kultur werden diese schmerzhaften Lebenserfahrungen überwiegend verdrängt und als Schwäche des Menschen diskriminiert. Dieses Buch verändert den Blick auf das Scheitern grundlegend: fort vom Makel, hin zu den heilenden Aspekten. Es zeigt auf, dass Neues nur entstehen kann, wenn Altes sich auflöst bzw. zerbricht. Scheitern wird in diesem Blick zur Chance. Das Buch gibt Hinweise für eine entsprechende Gestaltung des Lebens. Es ist zudem in eine Zeit hinein geschrieben, die im Großen wie im Kleinen von Krisen geschüttelt ist, in der zugleich aber auch die Sehnsucht nach Aufbruch und Erneuerung überall spürbar ist. In Krisen und Grenzerfahrungen wird dieses Buch ein wertvoller Begleiter sein.

## Transpersonale Verhaltenstherapie
Von der Stagnation zur Transformation / Harald Piron

Paperback, 352 Seiten, ISBN 978-3-86616-063-7

Mit diesem Buch liegt das erste Therapiehandbuch vor, das die Grundlagen und Methoden der Transpersonalen Verhaltenstherapie sehr anschaulich darstellt und anwendbar macht. Es ist sowohl für Therapeuten als auch für Interessierte geeignet. Die Transpersonale Verhaltenstherapie (TVT) ist ein wissenschaftlich fundierter, lerntheoretisch begründeter und meditationsbasierter Ansatz, der sich vor allem bei neurotischen und spirituellen Krisen bewährt hat. Er kann auch hervorragend im Rahmen eines Selbstmanagement-Trainings angewandt werden. Der Autor entwickelte diesen sehr klaren und tiefgehenden Ansatz seit 1993. Er vermittelt Modelle zur Analyse der Bedingungen des Bewusstseins und Verhaltens, die für die Entstehung und Heilung von personalen und transpersonalen Störungen von zentraler Bedeutung sind. In gut nachvollziehbaren Schritten wird der Leser mit Hilfe vieler Übungen und Fallbeispiele durch den jeweiligen Veränderungs- und Wachstumsprozess geführt. Darüber hinaus geht es um das seelische und spirituelle Erwachsenwerden.